句点。に気をつけろ

「自分の言葉」を見失ったあなたへ

尹 雄大

光文社

まえがき

わかりやすく話す。相手の言っていることをきちんと理解する。それができてこそコミュニケーションだ、という考えはいまや疑いようもなく正しいことだと思われている。正しい伝達と理解。それができるようにがんばっているけれど、どこかで無理をしている感じがあるなと思っている人も多いんじゃないだろうか。

いまどきのコミュニケーションで評価されるのは、文章のような書き言葉をスラスラと口にすることになっている。「AはBである。」みたいに。

でも、よく考えたらこれは変ではないか。深いところで感じたことや誰かのことを思う気持ちは、そうそう言葉にならない。声が裏返ったり、つっかえたり、言い淀んだりする。身体《からだ》の奥底から湧いてくる言葉は口から出るまでに時間がかかる。曲がりくねった道を通ってようやく言葉になる。人それぞれのタイムラインがあるはずだ。そうなると淀みなく「AはBである。」といった感じで句点「。」をつけて言い切れるのは、なぜなんだろう？　と逆に気になってくる。

自分の感じていることや思いに句点をつけようとすることで見失っていることはなんだろう。きちんと話せているかな？　理解できているかな？　と相手の顔色を気にする前に、まず自分の身体でちゃんと感じているかどうかが大事ではないか。

もし滑らかに話せないのであれば、それは自分の身体がそのことについて句点をつける話し方をすることを拒んでいるからかもしれない。

目次

第五章　私たちが自分自身であるとき何が起きるのか

第一章

滑らかに話せてしまうという罠

誰もがテキストのような言葉を話し出している

僕は長らくインタビュアーとして活動してきたので、近頃はそうした経験を踏まえて、「聞くこと、話すこと」と題した講座を開催している。あるとき参加者の数人に受講の動機を尋ねてみたら、こういう答えが返ってきた。

「普段からうまく話せなくてですね…。いまもそんな感じですけど…なんかすいません。…だから仕事でも迷惑かけてると思ったりしてます。でも、できないって意識すると余計に話せなくなります」

「順序立てて話すことができないから、そういうのやっぱり恥ずかしいなって思うんです…。いつまで経っても変わらないし…、ダメだなって思ってます。」

「もう少し感覚的にではなく論理的に話せと周囲に言われてて…。でも、どうしたら論理的に話せるのかわからない。コンプレックスですね。」

僕は彼や彼女たちの話す内容ではなく、「…」が時折織り込まれる語り口がとても気になった。というのは、「…」といった間を空けたり、口ごもったりしていて、それを指して「うまく話せない」と言いはする。

けれども自分を否定することにかけては、「迷惑かけてると思ったりしてます。」「ダメだなって思ってます。」「コンプレックスですね。」と、ちゃんと律儀に「。」と句点を打って断定しているわけで、そういう意味では自己否定を滑らかに生真面目に行っているからだ。

そこで「うまく話せないと言われてますよね。だけど自分を否定することに関しては淀みがないんですけど、それについてはどう思います？」と聞いてみる。すると、そういえばそうだなといった感じで、「あれ？　なんでだろ」という表情をする人が多い。

コミュニケーション能力という語を耳にする機会は、職場や学校でも増えているし、メディアでも見かける機会は多い。いまやコミュニケーション能力は、円滑な人間関係に欠かせない重要な位置にある。人間関係を円滑にするものという期待があるから、実際の言葉のやり取りがギクシャクしたものとしてはまったく想像されていなくて、立板に水ほどではなくても、理路整然とした口調が「あるべきコミュニケーション」として思い描かれていると言っていいんじゃないか。

たとえば大勢の前でのプレゼンテーションにおける流暢で、しかも人の共感を呼ぶような話し方であるとか。もしくは芸人のようにスラスラとストーリーを話す中に笑いも潜ませるといったものだとか。それらを一手に引き受け、かなえてくれるのが「コミュニケーション能力」だという考えを抱いている人が多いのではないかと感じている。講座に参加した人の話からもその傾向が窺《うかが》える。


とりあえず、これを話し言葉の「テキスト化」と呼びたい。テキスト、つまり書き言葉のような整然とした言葉を話すことがいいとされる現象として捉えてみる。確かにテキストには「…」みたいなつっかえや淀みの時間帯がない。それを話す際にも持ち込んで、「私は〜だ」という、いわば「AはBである。」式の因果関係のはっきりした言葉を話さなくてはいけないといった強迫的な思いが空気みたいに横たわっている。そういう言葉づかいをしなくてはいけないという考えが広まり、手際よくまとめて話せない人の言うことは「聞かなくていい」という感性を当たり前に感じられるようになっている。

テキストめいた言葉で話せるといった、理想的な能力の発揮された姿に比べて、自分の話し方ときたら途切れ途切れだし、言いたいことがうまく言葉にならない。なんとか言葉にしてはみたものの、話している途中から「そういうことが言いたいわけじゃないのに」という感覚がやって来て、結局相手にうまく伝わっていないという失望しか手に入らない。そこで「自分はダメだ。」と結論づける。こうしたテキストの締めに断定として用いられる「。」が曲者《くせもの》だと思う。

僕は、誰かが話しているときに「。」を重視しない。実際、講座でもそうで、それこそテキストめいた言葉を話せるようなコミュニケーション能力を得られるノウハウを説いてはいない。

むしろ「うまくなろうとする」ことをまずは気にしないでいいということを繰り返し話している。別に慰めで言っているわけでもない。

世の中には、「あのー、なんて言っていいかわからないんですけど…、なんかそんな感じがするんですよ」みたいな話し方をする人はけっこういる。そういう人は誰かと話をするたびに傷ついていたりする。というのも、これまでこんな指摘をたくさんされてきたからだ。

「言いたいことを明確にして、それを相手に適切に伝えなきゃ」

「根拠を明らかにしないと単なる感情論、主観の話で終わってしまうよ」

これらのメッセージはすべて「あなたの言っていることは受け取らない」だ。それは傷つくと思う。確かに拙《つたな》いかもしれない。でも、拙いなりに伝えようとしていることがあるんだという気持ちを無視され続けるのは、けっこうきつい。

僕も昔はそうだった。僕の場合は言葉が途切れ途切れでうまく言えないといったレベルではなく、モゴモゴと口ごもるだけ。相手からすると、「なんか言いたいみたいだけど、さっきからなんにもしゃべらないし、なんだか力んでいるし」といった不穏な状態に見えただろう。いまではそれを場面緘黙症《ばめんかんもくしょう》とか吃音症《きつおんしょう》の難発に近かったんじゃないかなと思う。

そういう経験があるので、講座では相手が伝えようとしていることをとにかく受け取る。なので、「そんな感じ」とはどういう感じなのかをとにかく話し切ってもらうようにしている。「なんて言っていいかわからない」ことをわからないままに話し切るのは大事だし、最後まで話すことができたらすごいことだと思っている。なぜかと言えば、その人はその人の言葉を貫いたから。

こういう試みは世間のニーズとは一見すると合っていないかもしれないけれど、コミュニケーションの深まりは体験できるのではないかと思っている。

いわゆる「だらだら」した話し方をする人も、あるべき正しいコミュニケーションを身につけるという教育を受けて、「私はこう考えています。なぜなら——」というテキストのような論理的な話し方ができるようになれば、コミュニケーション能力が向上したと評価されるのだろう。それができれば社会を生きる上では役立つだろう。でも、その人の中の何かが無視され、損なわれてしまった気がするので、そんなに喜ぶべきことだろうかとちょっと思ってしまう。

努力した分だけ以前と比べたら話しぶりは滑らかになるかもしれない。その滑りの良さ、ツルツルさ加減は、触っても引っかかりのないコーティングを施されてしまったとも言えるわけなのに、あまりそこは注目されない。

「コミュニケーション能力が向上しますよ」というフレーズの「向上」が気になってしまうのは、それより前に注目すべきことがあるはずだから。たとえば「料理ができない」と思っている人がいて、「料理がうまくできるようになりたい」と望むのは、当たり前なことではあるけれど、その素朴な向上へのこだわりがある限り、うまくなるのは実は難しくなっているんじゃないか。

というのも「料理ができない」のであれば、差し当たり目指すべきは「うまくなる」ことではなくて、単純に「料理をする」といった体験を積み重ねていくことだから。

大事なのは、たとえ味がイマイチだろうが、見栄えが悪かろうが、ともかくそれが現状の自分にできることと理解して、それを拠り所にするしかないということ。そこを地歩として固め、さまざまな料理体験を重ねていく中で「もうちょっと塩を入れた方がいいのかも」「このタイミングで火加減を弱めた方がいいんだな」といろいろと気づくことが出てくる。そちらに舵を切ってみる。そうしたらそれなりの結果が生じて、「できない」と「できるようになった」の境目が見えてくる。結果として「うまくなる」はついてくるんだと思う。

物事がうまくなるには、感覚的な把握が欠かせない。それには自分で実際に手を動かす必要があって、「できる」という体験がもたらす感覚から「こうすればいいんじゃないか」の按配《あんばい》がつかめるようになるはず。料理がうまくなりたいなら、他人の料理の腕前に見惚れていてもしょうがないわけだ。

なので、どれだけ下手で鈍臭くても、そこから出発するのが大事。それをすっ飛ばしてしまうのが、うまくなろうとして表面的なテクニックや知識を身につけようという努力の仕方なんだと思う。料理に限らずコミュニケーション能力と呼ばれるものについても同様だ。

ネットで「コミュニケーション能力　ノウハウ」で調べたら、「結論や目的を明確にする」「共通の話題を話す」「相手の使った言葉を話す」といった方法をたくさん知ることができる。共感を高めるには「同じものを同じタイミングで飲む」とか、周知の事実もけっこう多い。

かと言って聞き飽きたくらいのノウハウであっても、いざそれらを踏まえてコミュニケーションをとろうとしてもうまくいかないものだ。うまくいかないのは当たり前で、いまの自分は「うまくない」からだ。

現状の「できる」に根ざしていないから、うまくいかない。だけど、下手でもいいので現状の自分ができることをやったら、「できた」という結果は得られる。「いまの自分のままやってみる」という単純なプロセスを踏まえたら「うまくできる」は無視できる。このあたりの理解を阻《はば》むのは、ノウハウのような書かれたテキスト通りのことを生真面目にやろうとする姿勢にあるはずだ。肩の力を抜いて楽に、楽しんでやればいい。

ノウハウの難しいところは、誰かの成功体験をもとに作られているのは確かだから、有用なはずだけれど、誰もがそれさえ行えばうまくいくわけでもないところだ。そこがややこしい。

先述したような「相手の使った言葉を話す」を実行すれば、淀みのない会話はできるかもしれない。現象だけを見れば、滑らかなコミュニケーションが行われるかもしれない。でも、あくまで表面的なやり取りだから互いの言葉の深まり、理解には行き着かない。なにが有用性を失わせているのだろうと言えば、句点「。」の存在ではないかと思う。

「結論や目的を明確にする。」
「共通の話題を話す。」
「相手の使った言葉を話す。」

テキストの語尾の句点は、ノウハウを確定した事実のように誤解させる。必要なのは誤解ではなく理解だ。

さっき「誰かの成功体験をもとに作られているのは確かだから、有用なはずだけれど、誰もがそれさえ行えばうまくいくわけでもない」と書いた。ノウハウは決まって「こうすればこうなる。」という形で書かれている。

そうした誰かの成功体験は僕の体験しなかったことだ。僕とは違う人の成功体験なのだから、そのまま実践してもそれを活かすことはできない。サイズの違う服は身体に合わないのと一緒だ。

ノウハウは、その通りに実践しないと意味がないのに、それが自分に合うとは限らない。いわば「ノウハウ通りにやらないといけないが、ノウハウ通りにやってはいけない」わけで、頭は「わけがわからない！」とお手上げになる。そうなると「何をやっていいかわからない」と壁にぶち当たって進めない感覚になるだろう。

必要なのは頭を介在させないで体験すること。それが料理をやってみることだし、そのままの自分で話すことだ。とにかく、そのままの自分で楽にリラックスして行ってみるとき、「結論や目的を明確にする。」の句点は、「結論や目的を明確にする、」と読点に替えられて、終わっていたはずのテキストの続きが始まる。

つまり「結論や目的を明確にする、とはどういうこと？」といったように。あるいは「結論や目的を明確にする、と言われてもそれ私の経験じゃないし。まだわかんない」と確定しているように見える事実を自分の言葉でつなげていくことによって、事実を揺さぶっていく。大事なのはこうした問いかけを、自分なりにやってみるしかないということだ。

言われた通りのことをやるというのは利口な振る舞いだと思う。でも、本当はそういうことに窮屈さを感じているんじゃないだろうか。

書かれたノウハウのテキストの枠に自分を押し込めることに真面目に取り組むのではなくて、いまの自分のままでやってみる。僕は口ごもって話せない歴が長くて、それこそ40歳まで人前でしゃべるなんて想像もしなかった。それがいまでは講座とか講演で話したりしている。吃《ども》ったりつっかえたりしたまんまで。それで何の問題もない。だから試してみるというのは悪いことじゃないなと思う。それがその人独自の持ち味を作り出すんじゃないか。

なぜ「筋肉は裏切らない」と思えるのか

意識的なコントロールだらけの日常

僕は講座の他にインタビューセッションという場を設けていて、これはカウンセリングでもないし、悩み解決でもない。ただ話を聞いている。申し込んで来た人は、自分の感じていることや思っていることを90分かけて話し、それを僕はただ聞く。解決策を提案するといった介入はしない。

「ただ話をするだけ？　そんな普通のことにお金を払う人がいるなんて信じられない」と思うかもしれない。けれど、それが成り立っているのは、「ただ話をする」というのが単なる雑談ではないからだ。

ちょっと考えてみて欲しいのだけど、これまで生きてきた中で、自分の感じていることや思っていることを正直にそのまま口にした経験はあるだろうか？　たぶんほとんどの人がしていないはず。やっぱり本当のことを口にするのは怖い。おまけに本当のことを言って、それは正しいとか間違っているとかジャッジされるのも怖い。僕だってそうだ。怖《おそ》れから口を噤《つぐ》み、耳を塞ぎたくなることがわかるからこそインタビューセッションでは、安全で安心な空間を作るため、善悪正誤のジャッジは一切してない。

以前、インタビューセッションでこういうやり取りがあった。ある人が会社では「気配りができ、同僚の悩みにも適切なアドバイスをしている」と評価されていても、それが周りと比べて抜きん出た能力には思えなくて、だからしきりに「自分の強みがわからない」と話していた。

そこで僕はこう聞いた。

「自分の持ち味はどこにあると思いますか？」

「自分の強みですか？　そうですね――」

その後、彼女はエピソードを話しはしても、最後は「要するに、私には他の人と比べて強みが足りない」というところに落ち着かせてしまった。

「さっき僕は『持ち味』と尋ねたのですが、『強み』と返されましたよね。どうして強みと変換されてしまったんでしょう。あと『要するに』ということですが、とりあえず『要さないで』持ち味について考えてみると、何を思い浮かべますか？」

「無意識に使ってました。持ち味ですか…。人の悩みに的確なアドバイスができるところ…って言っても、他の人と変わり映えしないものしか思いつかないです。大したことじゃないです」

「和食なんかどれも出汁《だし》と醬油を使っているんでしょという理由で、和食の店は全部同じ扱いをします？」

そういうと彼女は笑った。

持ち味は強みと似ているけれど、よく見たら違う。人が強みを口にするとき、弱みを恥ずかしいと感じたりして、軽んじたり無視したりしがちじゃないかと思う。どちらかというと、弱みというのは強みに変えていくべきものと思っている節がある。持ち味には、長所と短所を含んでの複雑な味わいがあるが、強みには弱みを排除した平板さがありそうだ。

「強みを活かす」という言い方は、まさにそういう文脈で用いられているし、それこそコミュニケーションにおいても強みに焦点を当てる重要性がことさら言われる。

さっき例に挙げた人みたいに適切な言動で、他人との関係を滑らかにできることは、強みだと評価される。

コミュニケーションにおける強みと呼ばれているものをもう少し詳しく見ていくと、「関係をうまく調整する」といった対人関係に力を割いている人が多いことがわかる。それはつまりいつも自分の外に目を向けているということ。案外見落とされているのは、自分の内側への注目で、他人との関わりはうまくても、自分とのコミュニケーションがうまく取れていないケースもけっこうある。

これまで多くの人にインタビューセッションをしてきたけれど、その中で気づいたのは、あまりにも人付き合いがよくて、周囲からはコミュニケーション能力が高いと言われている人特有の困りごとがあるんだということだ。本当のことを口にする。それへの恐怖と不安に苛《さいな》まれている。その恐怖と不安はどこから来ているんだろう。

コミュニケーション能力の高さは、他人をうまくコントロールすることにつながる。その絶妙なコントロールが人からは「気配り」や「優しい配慮」と褒められても、自分の深いところで「本当のことを言わないことで得ている評価だ」とわかっていたりする。人は自分の考えの及ばないところでいろいろ気づいていたりするものだ。

コントロールが厄介なのは、決して他人を一方的に操るだけで終わらないところだ。自分も「コントロールしないと関係性は滑らかにならない」という考えに支配されている。そういう人はコントロールするか、されるかしかない関係性に日頃から身を置いているわけだ。それはとてもきついし、不安だし、どこに自分がいるのかわからなくなることもあるだろう。

だけど人間には奇妙な習性があって、不安な状態に居続けることになぜか一種の安心を覚えてしまう。嫌だし居心地は悪いけれど、それが慣れた感覚でもあるから安堵する。その一方で、心から安心できる感覚を持てないから常に不安に怯《おび》えてもいる。それでもこんなふうな葛藤という引き裂かれた状態に安住し続けることを人はなぜか選んでしまう。その状況を変えることが怖い。

なんでそんなおかしなことをするのかといえば、「こうすればこうなる。」といった、句点で断定できるそれなりの成功例があるからで、そこが難儀なところだ。つまりコントロールされる・することがもたらす恩恵がある。またしても「。」が問題になってくる。

「こうすればこうなる。」は、家庭とか職場とか、ごく限られた人間関係で得たことから導き出された法則で、すごく単純な因果関係ではあるけれど、単純だからこそ力を持ってしまう。

たとえば「やればできる」というストレートに過ぎる熱い表現があるけれど、これなど「こうすればこうなる。」の変奏で、どこかバカバカしい響きを持ちながらも、どんな局面でもある意味では通用してしまう力があるのは認めざるを得ない。その力の源は根性や忍耐をベースにしたもので、一昔前は当然のように要求された感性だ。

それに比べて、ストレートでありながら現代っぽい表現だと思うのは、ひと頃流行った「筋肉は裏切らない」だ。この文言そのものというよりも、背景にある発想がいまどきっぽい。

「やればできる」は、成功なり自信なりを獲得していくことへの確信があって、そこに揺らぎがない。だけど「筋肉は裏切らない」には、これまで味わってきたであろう期待への裏切りや失望、だからこそ挽回したいという切迫をとても感じる。

重いダンベルやバーベルを持ち上げたりマシンで負荷をかけたりすると筋肉が太くなり、重いものが持てるようになる。その実感を持ちやすい因果関係の繰り返しが自信につながる。「やればできる」ほどの野放図さではなく、「努力は実る」という着実さへの期待が垣間見える。

正直に言うと、筋肉がなんで自信につながるのかなと思いはする。するけれど、筋力トレーニングが良いとか悪いとかではなく、この「筋肉は裏切らない」といった、コントロール願望を秘めた言い切りが「持ち味」を「強み」として捉えてしまうことを考える上で大いに役立つと思う。

「筋肉は裏切らない」の断言通りにトレーニングを実行して自信を得た瞬間、その人は「筋肉は裏切らない。」と句点を心の中で打つだろう。この事実を再現することで僕らの身体は確実にテキスト化していく。別の言い方をすると、概念（コンセプト）にかなった身体になるべくコントロールする快感に目覚める。理想のプロポーションに近づくための努力なんてまさにそうだ。

それの何が問題なの？　筋肉がついて虚弱な身体が逞《たくま》しく健康的になるのはいいことではない？　と思う人もいるだろう。

だけど身体は工業製品のようにコンセプト通りに加工されるものではないというのは、誰しも納得するところだろう。それに「健康的」は、その人がその人らしく生きていける状態とは本当は関係がない。「健康的」はコンセプトでしかないからだ。

「丁寧な暮らし」とか「多様性」とか、概念に基づいて自分をコントロールすること、あるいは概念に自分を従わせることに僕らは喜びややりがいを覚えたりする。理想に向かって努力するのだってそうだ。それが筋肉をつけることなら手っ取り早く理想を実現できるだろう。

理想の実現は、「こうすればこうなる。」といった言い切りで自分を眺めていくことを常識と思うところから始まる。そのとき僕らは自らの身体に対して、言い淀むことや「…」を差し挟むことも必要としない。そういう意味で強みを帯びているはずだ。

そのとき強みの反対の弱みはどうなっているんだろう。そういうことが僕はつい気になってしまう。「筋肉は裏切らない。」の言い切りには「裏切らせない関係性を築く」という、ある種の不安の匂いを嗅いでしまう。そして不安になったときに僕らがやりがちなことは何かと考えると、それは不安も意識的にコントロールしようとすることだろう。筋力トレーニングにもコミュニケーションの巧みさにも共通しているのは、意識的なコントロールを重んじているところだ。それができることを強みだと思っているんじゃないか。

「意識する」という表現を僕たちは本当に日頃から多用している。「無意識を意識する」という人までいるくらいだ。意識して行うことで成果を出せるという成功体験が仕事から筋力トレーニングまでさまざまなバリエーションで揃っているから、そこが強みだと思っても当然だ。

意識して何かを行い、結果として強みが得られるとき、身体に力みがあるはずだ。だから意識的に暮らすとは、緊張をずっとし続けるということで、それなら眼精疲労や肩こりになってもしょうがないなと思う。ぎゅっと力が入ってしまうのが当たり前になっていたら不眠になるのも当然かもしれない。

「意識的に行う」を言いかえると、「しなければならない。」という表現が近いんじゃないか。呼吸を意識的にしようとすれば、「呼吸する」ではなく、あるやり方を「しなければ」それは達成されない。そうなると、僕たちが「意識する」という言葉を用いるたびに「しなければならない。」というテキストの実行を自分にそれこそ無意識に命じていることになっている。

自分が自分に命令したり、指示したり、伝達することは行っても、その内側にいる命令され、指示され、伝達される自分との対話は拒んでいる。

この節の冒頭で触れた人の例だと、「要するに」で自分の感じていることを要約してしまっていた。「要するにあなたの言いたいことってこういうことでしょ？」と他人に言われたら、たとえそれが的を射ているとしてもなんだかモヤモヤした気持ちになってしまうんじゃないか。誰しも自分の思いを要約されたいのではなくて理解されたい。全部わかってくれなくてもいいから、わかろうとして欲しい。要約はあまりに事務的で、ちゃんと扱われていない感じがする。そういうことを自分に対して行っているわけだ。

「しなければならない。」と意識的に内側の自分をコントロールしようと躍起になることを努力と呼んだりする。コントロールできないところを弱みとして感じるのだから、それを克服したら、「もっと良い自分になれる」と思ったりする。

でも、その弱い自分がどういう性格で何を望み、何を感じているのかを知ろうとしない。コミュニケーション能力が高い人でも、内側の自分との対話を避けてしまうのは、いて欲しくない弱い自分をそこに見てしまうからだろう。

弱い自分の言うことは支離滅裂だったりする。たとえば僕の中にいる弱い人は、隙あらば人の同情を買おうとする。それも「同情なんかいるかよ」と強がる一方で、寂しさをたたえた表情を浮かべて、ちらっと横目で見たりして。それが効果的なんじゃないか？　と思っていたりする小狡《こずる》い感じの人だから、閉じ込めておきたくはなる。そんな人が自分の中にいることに自信なんて持てない。だけど、わかっている。その弱さは確かに存在する自分であり、それも自分なんだということに。「弱さがいけない。」などといつ思うようになったのだろう。それを含めて自分の持ち味なのに。

リラックスできない深い身体の緊張

僕はいま空手や剣術などの武術を習っているのだけど、武術のおもしろさは、自分の得意なところ、強みを活かそうとして、そこに寄りかかると自滅してしまうことだ。世の中で言われている成功体験と真逆の現象だから、すごく不思議に聞こえると思う。

強みに寄りかかるとは、どういう相手であっても「このパターンでやれば大丈夫だ」といった、これまでの経験に自分を委ねるということだ。そうした必勝パターンが編み出せたらなんか自信がつくのは間違いないけれど、それに依存するとき失ってしまうこともあって、それは自分の変化だ。これまではそのやり方で大丈夫だった。確かにこれは嘘じゃない。見落としてはいけないのは、「これまで」は過去のことで、これから起こることは未来のこと。そのとき何が起きるかは「そのとき」にならないとわからない。だとしたら、わからないはずの未知に対して、「過去のパターンでやれば楽勝でしょ」と言ってしまうのはとっても危ない。

これまで起きなかったことがやって来たらどうするか。そこがいちばん大事なところだからなんとかしたい。どうするか考えてもわかるのは「過去はこれでうまくいったんだけどな」ということだけ。そのときにならないとわからない、といった予測できないことに向けて歩みを進めるのはすごく怖い。

同時にそれはこれまでの自分が変わることができるチャンスでもある。怖いという感情と感覚が自分を覆ってしまうけれど、それらのベールの向こうは可能性ある未来でもあるわけだ。ありありと恐怖を感じるとき、それが現実のすべてと思ってしまう。でも本当はそうじゃない。現実の一部でしかない。

怖さや不安、怯え。そういう感情や感覚は弱さの表れだ。子供の頃、怯えて足がすくんだときに「そんなことじゃダメだぞ」と冷やかし半分であるけれど、でもけっこう本気な感じで、周囲の大人に言われた経験がある人もそれなりにいるだろう。僕もそうで、そうして「弱いことはいけない」と学んでいって、弱さはさっさと克服すべきものになってしまった。

不思議なくらい「弱さがなぜいけないか」について話してくれた大人なんていなかった。たぶんその人たちも、自分がそう言われてきたことを口にしただけで、実は理解してなかったんだと思う。

いまになってわかるのは、弱さを大事にすることが自分を知る上でとても重要なんだということ。それだけじゃなくて、弱さをちゃんと認めるからこそ結果的に強くなれるんだということだ。

武術を稽古する前はキックボクシングを10年ほどやっていて、当時はジムに毎日通うくらい熱心に取り組んでいた。人があまり来ないクリスマスの夜にサンドバッグをひとり叩いていたら、コーチに「熱心だなぁ。プロにならないか」と誘われた。でも「痛いから嫌です」と速攻で断ったら、コーチは「は？」という顔をした。

練習では足にガードをつけているけど、本番はスネとスネを直にぶつけ合う。そんな痛いの嫌だなと素直に思ったことを口にしてしまった。じゃあ何のためにやっていたのか、といえば、強くなりたかったから。その頃の僕は自分の気持ちの弱さを嫌悪していて、とにかく克服したかった。

トレーニング前は食事も鶏のささみとか塩だけで味付けしたパスタとかを食べていたから、いまとは違って体型は逆三角形で腹筋も割れていた。

でも腕が太くなろうが、蹴りの威力が上がろうが、スパーリングで相手を倒そうが、それが強さと評価されても、全然自信にならなくてむしろ不安しかなかった。というのも、一日でも練習を休むと「衰える」という怖さと強迫的な思いがあったのと、強くなってもより強い人がいると思うと安心できないし、より恐怖を覚えるからだ。

恐怖を克服するために酸欠になるくらいミットを蹴って自分を追い込んで練習していたし、つらさから逃げないでいることを自分と向き合うことだと思っていた。

練習を終えた直後のエナジードリンクが本当に美味しくて、すごくやり切った感じと充実感に包まれる。でも着替えて電車に乗る頃にはその感覚が冷め切って、すごく虚《むな》しい感じがやって来たかと思うと、そこにすっぽり落ち込んで身動きが取れなくなる。心の中にどす黒く固まった感情みたいなものがあって、それが僕を引きずり込もうとしている感じがした。

身体は疲れていても寝られない。常に身体が緊張していた。

自分の中の暗い存在には気づいていたけれど、直感的に見たくないし、見るわけにはいかないという選択をしていたんだと思う。いまはそれが何かわかる。僕の中にいる弱い自分が訴えていた。

「おまえは俺を見ないで否定すれば済むと思っているが、俺には俺の言い分があるんだぞ。なんでそれを聞かない。なんで『どす黒い』なんて決めつける。おい、俺の話を聞け！」

「弱い自分」と言ったけれど、本当はそれはただの僕でしかなくて、それを「弱い」ということにしたのは僕だった。僕がキックボクシングをやめた理由はいろいろあるけれど、強くあるとは本当はどういうことなんだろう、弱いことはそんなにいけないことなのか、という疑問と向き合わざるを得なくなったからだ。

身体はムキムキだったけれど、あちこちガタが来ていた。手足が冷えていたし、怪我《けが》が治りにくくなった。ある日、親指の先端の皮膚がぱっくり割れて1センチほどの傷ができてしまった。いつまで経っても塞がらない。治らないなぁと気にはなっていて、それをどういうわけか僕は瞬間接着剤でくっつけた。

もともと医療用に開発されたと聞いていたからそうしたのだけど、傷をそうやって処理して「なぜ治らないのか」に目を向けない状態にハッと気づいて流石《さすが》におかしいと感じた。ちょうどその頃、武術に出合って、さっき言ったような変化とか可能性とか、身体に対する目の向け方の違いに興味を覚え、キックボクシングはすっぱりやめた。

傷もひとつの弱さとして見ていたんだと思う。弱いから怪我をするんだし、傷も治らない。そういう自分がダメだ。だから克服すべき。克服とは現に傷ついた自分を無視することでしかなかったし、自分の声を聞かない態度は一貫していた。そういった無視する姿勢をしっかりと確立していくことを強さだと思っていた。当時の僕の写真を見る限り、表情が固まっていてまるで銅像みたいだった。

僕は意識で理解できることを極めて真面目に行っていた。意識できることとは、身体にきつく当たること。痛いとかつらい、怖いという感覚や感情を否定すること。理想的な強い自分に向けて努力すること。全部現状の自分を認めないことだし、常に自分を監視していた。「また甘いものを食べたな。欲望に負ける怠惰な奴め！」「これくらいの練習で音《ね》を上げているのか。根性なしめ！」と鬼軍曹の罵声《ばせい》が絶えず響いている感じだ。その罵《ののし》りはある意味で悲鳴の裏返しだったと思う。

こうした頑《かたく》なで凝り固まった強さに向けて意識的に取り組んでいた時代を経て、いまの自分がいるので、だからこそ強さにこだわり、自己否定に走る人の気持ちもわかることもある。「わかる」とはっきり断言できないのは、人それぞれの本当のところはわからないから。だから、インタビューセッションでもわかろうとしているだけで、わかるわけではない。近いけど遠い。その隔《へだ》たりは大事にしている。

隔たりという空間の広がりに注目すると、自分への注目の仕方も変わってくる。「弱い自分が情けない。」と断定するとき、弱さと自分が引っ付いているわけだ。でも、それを「弱いと名付けている自分」と「弱いとされている人がいる」と隔たりがあるんだと気づくと、「弱い自分が情けない。そう言っている自分とは誰なのか？」と句点の後の言葉が始まる。その言葉を言える人は自分の中にいて、ずっと無視されてきた人かもしれない。

そういう自分の中の人の声に耳を傾けたとき、強くあろうとしている自分からは「怠け者で無神経で、役に立たない厄介者」に見えたけれど、それは単に「やりたいときにやりたいことをやりたい」「周りを気にせず好きなことをやりたい」「社会に役立つとかではなくて、心地いい状態でいたいだけ」という素直な、それこそ幼い時代の自分だったりする。何も悪くないのに、成長するに従って、「そんなのだとうまくやっていけないぞ」と思って心の奥底に押し込んだ。

「こうでなければいけない。」と決意したとき、物事の見え方が確実に変わったはずだと思う。いままでみたいなことではいけない。それは本人の中ではちょっと強くなれたという成長と自信をもたらしたかもしれない。社会を生きる上では役に立つのだから。

でも、それまで大事にしていた自分の感覚に対して一方的に別れを告げた体験でもある。それは本人も気づかないところで自分自身を傷つけるようなことだったかもしれない。

だけど、振り返るわけにはいかなかった。社会を生きるとは、ある目標に向かって生きることだし、それが社会が要求するコンセプトに自分を従わせることでもあるから。いつの頃からか僕たちは意識的に生きることを当たり前にし始めた。「そうでないと生き残れない」という怯えと緊張が身体の奥深くに浸透していくことでもあったと思う。

世の中を見渡すと本当に必要なのだろうかという「やらなければいけないこと」がたくさんある。でも、コンセプトをちゃんと身につけないと社会性がないと言われる。それどころかお金を稼げなくなる。

そうなると、この社会の仕組みに違和感を覚えることも弱さとみなされるし、社会に合わせることができない人は自分を「無能」と責めたりする。

この社会を句点をつけた断言で埋め尽くし、それを忠実に実行することが強さなのだ。これは僕たちを銅像に変えていくコンセプトだと思う。僕たちは動物で生き物で、いつでも動けるし、柔らかい。そういう身体を持っている僕らは常に強い状態にいるなんてわけはなくて、病気にもなるし、悲しい過去を忘れられなくて足踏みし続けることもある。弱さはいつまで経っても弱いままで克服されることなんてない。だからこそ、弱さを見る必要がある。それが自分だから。

弱くて脆《もろ》いところから目を逸らさないでいると、自分を正当化することを安易に許さなくなる。そういう誠実さが得られると思う。

たとえば自分には能力があると自負していたけれど、想定外のことが起きて、秀でていると思っていた力が発揮できなかったとする。それまで頼みにしていた強みは、実は限られた条件のもとでのみ発揮できるパターンでしかなかったことが明らかになったわけだ。そこでプライドが傷つかないことにこだわると、自分の力不足を省みるのではなく、その実状を認めないための口実を探し出すだろう。「うまくできなかった」という単なる事実を脆弱さだと捉えてしまうから、「でも・結局・要は・つまり・そうは言っても・普通は・だって」といった語を使って弁解を試みる。その目的は自分の弱さの拒絶だから必ず語尾は断定の口調になってしまうだろう。

脆弱な自分を認めるとは、できないことへの開き直りではなく、それも自分だと認めること。不都合に扱われがちな自分も肯定できる力を持っているとしたら、強いからできることじゃないだろうか。

意識的から「なんとなく気になる」へ、「動かす」から「動く」へ

これをやれば「人間関係がうまくいく。」「自分磨きになる。」「稼げる。」といった、さまざまな言い切りが世の中に溢れている。やっぱり願いがかなうのは嬉しいし、前向きな自分でいたら自信が持てるようになるものだ。

確実に願いが達成される言い切りは単純なほどいい。「掃除したら運気が上がる。」とか。だけど、どれだけハードルの低い取り組みでも途中で挫折する人がいるから、今度はそういう人に向けた、「食べたいものを我慢しなくてもダイエットできる。」「こうすれば努力しようという気になれる。」といったフォローもきちんと用意されている。本当にこの世は意識的に物事を行うことが当たり前になっているなと思う。

それがさっき言ったように身体に力みをもたらしてしまうのは、絶えず「しなければならない。」という命令と指示、伝達の言葉づかいが当たり前になるくらい自分にとって自分が

コントロール対象になってしまっているからだ。そうしてコミュニケーションも、自分の考えをきちんと相手に理解してもらうというコンセプトに則して行われるので、政治家や問題を起こした人が使う「誤解を招いたのなら申し訳ない」という弁明も成り立つ。これは、ちゃんとコントロールできるはずなのにそうではなかった、ということを示しているのだと思う。

そういったコントロールを原則にしたゲームが一般的になっている中では、どんな単純な方法であっても途中で挫折してしまう人は「やる気がない」と言われ、非難されがちだ。けれども、そういう人は実は意識的に物事を行うことへの無自覚の抵抗をしているんじゃないかと思う。やる気がないのは怠けではなく、コントロールするか・されるかの世界に気乗りしないだけなんじゃないか。むしろそこから脱したいという欲望があるのだと気づけば、別の道を進むことには乗り気になるのだと思う。それが十分に理解されないまま、他人から言われるだけでなく、自分でも「意志が弱いからダメだな」と思って責めてしまう方向に誘われてしまっているんじゃないか。

「意識する」とは力みであり、緊張状態を身体に強いることだし、「意識する」を平たく言うと「しなければならない。」になると先述したように、僕らはいつも何かに向けて焦っている。というかずっと忙しい。

だから「しなければならない。」ことがクリアになって、ホッとして「あー、楽になった」と肩の荷がおりた感覚はあっても、それは必ずしも楽しさを意味しない。マッサージを受けて、そのとき肩は楽になったけれど、根本的に快活な身体になったわけではないように。

これからやらなければならないことに頭を抱え、これまでできなかったことを悔いるといったように、意識的に物事を行うときは、必ず時間感覚が未来か過去に向かってしまう。意識的に生きていたら、「いまここで満ち足りる」という感覚の訪れがほとんどない。だとしたら、それをやめさえすれば、楽に開放的な自分でいられるということになりそうだ。

それだけじゃなくて、あえて努力しなくてもやりたいようにやるだけでいいんじゃない？と気づいた途端、いちばん楽な動きになる。そうしたら「しなければならない。」という意識の外に出られるんじゃないか。

「しなければならない。」を意識するとどうしても硬い動きになる。たとえば「右足を出すときは左手を出し、左足を出すときは右手を出さなくてはいけない」と言われたら、めちゃくちゃぎこちなくなると思う。でも、普通に歩いてさえいたら、ただ楽に動ける。そういうときに「どうやって楽に動いているの？」と質問されたらかえって困るんじゃないか。説明したら、「右足を出すときは左手を出し――」みたいな硬い動かし方に相手を導いてしまう。

「どうやって」「どのように」といった解決方法を目指す思考がいいとされているけれど、これらは全部硬い動かし方をもたらしてしまうんじゃないか。楽に歩けることは、楽な歩き方からは導き出せない。意識的な取り組みにより、動かすことはできる。でも僕らが楽で自由だと感じるのは、「動く」だ。ただ動いているときに動かし方は必要ない。動かし方は「こうすればこうなる。」といったように、いろんな説明ができる。できるけれど、原点は、僕らは自身を動かしているわけじゃないということだ。心臓を動かしているわけではない。僕らは生きようとして生きているのではなく、ただ生きている。

そこで登場するのは、「それだけだと社会を生きられないじゃないか」という不安で、生きるためには「会社に属さなくてはいけない」とかさまざまな「しなければならない。」との実践が要求される。だけど本当は、そういう設定で生きることが良いことだという選択をしている。「それを選んでいる。」こう書くとシビアに過ぎるかもしれないし、誰もが社会からの束縛なく自由に生きられるわけじゃないんだと言いたい人もいるだろう。

でも、「それを選んでいる。」という句点をつけているのは、他人ではなく自分だということはわかっておいた方がいいと思う。間違った選択をしているんだと指摘したいのではなく、現状の立ち位置がわかって初めて、「だったらどういう道を次に選ぶのか？」ということが考えられるからだ。

そこでうーんと唸《うな》ってしかめっつらして真面目に考える必要はない。というのは目的が何かを検討しない真面目さに意味なんてないからだ。

それこそ僕らがいま真面目に考えないといけないのは、さっき言った世間が非難しがちな「やる気のなさ」についてで、つまりやる気がどうしたら起きるのかについてだ。「やる気」になるためには、モチベーションを高める曲をかけるとか、成功した自分をイメージするとか、いろんな方法がある。それらは意識的にやる気を出す方法であって、やる気について考えることとは無関係だ。僕らがやる気になるとき、「なんだかわからないけれどなんとなく気になる」という気分や気持ちが生じるはずだ。

この「なんとなく気になる」という霞《かすみ》がかかっている状態が大事で、なんだかわからないところを真面目に考えてしまうと「曖昧としている。」と句点で終わらせてしまうことになる。

もっと事実に肉薄してみる必要があるんだと思う。それは霞がかかったように視界がぼやけて見えるという状態であり、「曖昧」なものとしてではあるが、ちゃんと見えていることだ。なんだかわからないけれど、なんとなくその気になるとしたら、その「なんとなく」には理由がいらないほどの強度があると呼んでもいいのではないか。

「なんとなく気になる」は「意識的に行う」にはない持ち味がある。それは味わい深い料理にも似て、口の中で味がさまざまにしかも次々に分かれ、重なっていくことはわかっても、単純に「AからBになった。」とは言えないところだ。

12時になったから昼ご飯を食べなくてはいけない。栄養のバランスが取れて、カロリーの摂りすぎにならない食事にしないといけない。そういう概念で食事をするのか。それともお腹が減ったから食べるのか。何を食べたいかは、そのときにならないとわからない。さっきまではトンカツを食べたいと思ったけれど、麻婆豆腐が気になった。なんで気になるかは説明がつかない。ただなんとなくだ。「ただなんとなくそんな気がした」と言われると、「説明になってない」と怒る人もいる。

説明されて初めて理解が訪れると僕らは思いがちだ。でもそれは、学校で受けた教育でなじんだ理解の仕方であって、本当の理解というのは、もっと本当は幅が広いし奥行きがあるものだ。

江戸期の寺子屋を描いた浮世絵がたくさんあるのだけど、機会があったら見て欲しい。いまでいう学級崩壊に見えると思う。まず教師にあたる手習いの師匠の話を聞いているのは前列のひとりふたりで、他は、教えてくれようとする年上の子の鼻に筆を突っ込んでいる子もいるし、かと思えば、落書きばかりしている子もいる。取っ組み合いの喧嘩《けんか》に忙しいし、教師とは真反対を向いておしゃべりしている子もいる。ほぼ全員が話を聞いていない。おもしろいのは、教師はまったく怒っていないことだ。むしろニコニコした様子で描かれている絵もある。

前列と書いたけれど、教室のようにきちんと列をなしているわけではなく、教師を前にして雑然と半円を描く形でいる。ところが明治になると机はスクエアに並べられ、全員が教師の指す黒板に生真面目に向かう姿が錦絵に描かれるようになる。時間と空間が変わり、近代化の中で教えられるべきことに向けた視線の注ぎ方を学んだことがわかる。

江戸期の寺子屋においては、「この時間内にこれを理解しなければいけない」ということがその場にいる子供らに全然期待されていない。それは教える側も受ける側も教育に熱心ではないという見方では足りなくて、物事を理解するには、意識的に取り組めばいいというものではなく、聞いてないように見えて聞いていることもあるし、それにいまわからなくても何かのときに「あれはそういうことだったのか」と時差を通じてわかることもある、ということを江戸時代の人々は知っていたと見た方がいいんじゃないか。

僕は薫陶《くんとう》という言葉が好きなのだけど、なんとなく感化される、気づいたらそうなっているということが本当は教育において欠かせないと思っている。

もちろん意識して物事を理解することもできるけれど、薫陶はそれよりももっと深い層で起きる納得が生じる。腑《ふ》に落ちるという表現があるように「身体でわかる」という理解をもたらすのではないかと思う。

そういう理解の仕方は、「そんな気がする」というわかり方を人間はするのだ、との発想を基礎にしていたから成り立つのかもしれない。それは「理解しなければならない。」といった他人から強いられたものではなく、自分のタイミングで理解は訪れるというあくまで自分本位さが重要で、やっぱりその自分本位さが「持ち味」を生み出すのではないかと思う。

第二章

辻褄が合わなくてもいい

効率よく話せば、本当の思いは伝わるのか

以前、企業研修の講師として呼ばれたことがあった。そこでわかったのは、普段から推奨されているコミュニケーション——結論から述べる。時系列をはっきりさせる。エビデンスを重視した客観的な話し方を心がける——が働く人たちに微妙な不安を与えているんじゃないかということだった。

誰に対しても伝わりやすく、効率的な話し方を心がける。いまやビジネスだけではなく、学校でもディベートを実践する授業や研究した内容の発表を通じて、こうした伝達と効率に基づくコミュニケーションの方が説得力が得られて良いという考えを自然と身につけるようになっている。

それがなぜ微妙な不安をもたらしているかといえば、人と人とが出会って言葉を交わすという人間の原初的な体験をどこかないがしろにしている感覚を与えているからではないかと

思う。

言葉を交わすというのは、身振り手振りや声のトーン、目を細めたり、じっと見たり、口元が綻《ほころ》んだり歪んだりとか、いろんな身体の表情を伴ってのことだ。いわば、その人丸ごとの出来事がその時間と空間に現れ、それを互いに味わう。

それを効率的な伝達に置き換えてしまったとき、たとえ「ありがとう」と喜びを表した言葉と笑顔が添えられていても、「感謝の気持ちを表す言葉」をただ伝えているだけという感じが出てしまうんじゃないか。

別にセリフを棒読みしているといった、感情が平板な調子ではなくて、声の抑揚はついている。

だけど「喜んでいる」という予定された感情を再現している感じが漏れ出てしまって、そこが浮いて見える。案外そういうことは相手にも伝わっているものだと思う。

実際、買い物をした店で「またお越しくださいませ」と言われたときの、なんともゾワッとして落ち着かなくなる感じを味わっている人もそれなりにいると思う。僕らは日常においてけっこう技巧的な演技めいたことを互いに行っている。感情もスラスラと言葉にして述べてしまうような伝達を重視した滑らかさは、胸に秘めた思いとは違うところで繰り広げられている。

そうした話法に慣れるようになっていても、自分とのギャップに気づく機会は日常にあるはずだ。たとえば伝わりやすさを重視して話しはしたけれど、「ちょっと安易な言い方になってしまっているな」と内心思うような場面をたぶん誰しも経験しているだろう。感覚的なずれがあるのに、相手に「わかります。〜ってことですよね」と言われたりすると、さらにモヤッとする。

相手の言ったことは、大きく間違ってはいない。でも微妙にずれている。そのずれにフォーカスすると面倒な奴だと思われてしまいそうだ。というより、そもそもそのずれをなんと言葉にしていいかわからない。なんか言おうとしても胸がつかえる感じがする。だから「ちょっと違うんだけどなぁ」を「ええ、そうですね」と強引に翻訳して返事したりする。

ビジネスにはビジネスの話法があるから、「ちょっと違うんだけどなぁ」というのは、とても個人的に過ぎるように思えて口にはしにくい。それを「大したことない」で済まそうと思えばできてしまう。ビジネスのフォーマットの中では、ほんの少しの違和感をそんなに大事にはできない。

でも、オフィスで過ごす時間は1日の多くを占めていて、そこでついた癖が無自覚のうちに日常にフィードバックされるなんてことはわりとあることだろう。「この場では、そういうのは大事なことじゃない」と打ち消すことを身につけてしまうとしたら、感じていること、思っていることが言えない状態をいつの間にか当たり前にしてしまうわけだ。それはけっこう苦しいのではないか。

結論から述べる。時系列をはっきりさせる。エビデンスを重視した客観的な話し方を心がける。これらはある時間内でゴールを設けて話すといった、限定された条件のもとでは有効に働く。それは間違いないけれど、「そういうふうにしなければならない。」と意識的にやろうとしない限り成り立たない話法なのではないかと思う。

そして「しなければならない。」に基づくコミュニケーションは形を大事にしても、中身が疎《おろそ》かになりがちだ。ラッピングが素敵でも中身が空っぽだったら仕方ない。

そこでなおざりにされている中身とは何か？「効率的に伝達することが大事だ」と習ってきただけに、つい意味とか情報、知識に注目してしまうし、普通だったらそうかもしれない。でも、僕はそれはあくまで表層で、注目すべき中身は、「ちょっと違うんだけどなぁ」と感じたずれに潜んでいると思う。

大事なことは、それを「なんと言葉にしていいかわからない」と感覚的にわかっていることだ。つまり、説明がつかない思いが確かにある、ということがちゃんとわかっている。通常、それはわかっているとはみなされない。だからこそ僕は「わかる」という出来事の幅をもっと広げたい。

というのも、人は「よくわからないけれどわかる」という理解の仕方ができるからだ。たとえば、街中で流れていた曲を耳にして、誰が歌っているのか何の歌かもわからないけれど、鼻歌で再現できる。最初はぎこちなかったダンスのステップも、うまく踊る人を見ているうちに自然にできるようになる。

わからないままわかるとはそういうことだ。大人になると不思議に思うかもしれないけれど、幼いときのことを思い出してみる。ハイハイから立てるようになったのは？　日本語を覚えたのは？　全部見よう見まねだ。周囲を見て真似た。それがひとつの理解の仕方だ。わからないままにその人なりにやってみるというわかり方だと言える。

僕はインタビューセッションの場で「なんと言っていいかわからない。」と口にする人とたくさん出会ってきた。そういう人たちは、言葉で説明できないのはよくないことで、そうなるのはボキャブラリーが足りないからだ、能力が低いからだと自分をジャッジしていることが多い。

僕はここに意味の伝わりやすさを重視してきたことの弊害を見てしまう。伝達ばかりに気を取られてしまい、肝心の自分自身とのコミュニケーションは疎かにされている。気づかないうちに自分を正当に扱えないシステムが実装されてしまっているんじゃないかとすら思う。

自分で口にした「なんと言っていいかわからない。」は「わからない」という謎への問いかけだ。それへの返答を効率と伝達、客観性などを踏まえて考えたら結論はこうなってしまうだろう。「言いたいことがわからないのであれば、それは単なる無意味としか解釈できない」

そうなるとなんであれ自問自答したところで「もう一度再考し、根拠を示し客観的にわかるような言い方でお願いします」という答えしか返ってこない。考えがそれ以上は進まず、行き止まりの感覚しか味わえない。それが人に無力さを与え、ひいては能力がないんじゃないか？　という不安を生じさせる。

怖いなと思うのは、習い覚えたコミュニケーションのあるべき姿の影響で、自問自答が壁打ちみたいな結果しかもたらしていないことだ。そうじゃないはずだ。問答は答えが出て終わりではなく、応答が続いていく行為のことだから。自問自答は対話なのだから、大事なのは結果ではなくプロセスだ。そこがすっかりなくなっている。

なので、習慣になっている効率やエビデンスを取っ払った上で自問自答を考えてみたい。

僕にすれば、「なんと言っていいかわからない。」は土の表面をただ撫《な》でているに過ぎなくて、そこで「ダメなんだ」というジャッジに至るのは、ずっとその場で足踏みをし続けているから起きてしまうのではないかと思う。であれば、掘ってみたらいい。

そしたら「なんと言っていいかわからない。」で終わりではなく、「いかに言葉で言えないか」についての言葉が地下水のように湧き出てくる。しかも、それには「こういう意味でした」と簡単に伝えられるような、まとまりはない。水をすくっても指の間からこぼれていくように、意味の塊として示せない。

言葉にできないことを「こんな感じがする」という形で口にする過程が続いていく。それが人が話すということだ。話すとは流れ出る水だ。だから「なんと言っていいかわからない。」はここに何かがあるということを示しているサインだと思えばいい。

言葉が岩清水のようにチロチロと湧く人もいれば、間欠泉のように噴き出る人もいるだろう。流れ出る勢いに違いはあっても、勢いを形づくる「思い」が共通している。

そして、この「思い」は説明がつかないというより、意味による説明を拒むものではないか。思いは溢れるもので、伝えるのではなく伝わるものだ。「伝える」となると、どうしてもコントロールが働く。口当たりのいいように、飲み込みやすいようにとか。それを気遣いということもできる。

「伝える」ことに意識的に取り組めば、それは狙いを定めたものになる。場合によっては、「伝わらない」という結果になることもある。狙うから外れるわけだ。それに比べて、溢れてしまったものは、どうしたって伝わってしまう。コップから溢れた水が滴り落ちるように。そうして狙うという意図的なことが実は必要なかったことがわかる。必要なのは楽でいられるということだ。その人がその人らしくあるときは楽でいられるとしたら、ただリラックスして、思いを口にするだけでちゃんと伝わるのではないか。

僕らは誰かの言動に感動したとき「何かが伝わった」というなんとも言えない深い感覚を得ているはずだ。そのときのことを思い出してみる。誰かの、何かの思いに触れた経験が、思い出すに値する記憶を僕らにもたらしている。そうした思いの源は、意味には収まり切らない何かであるのは確かなことだろう。

感動とは、それを体験する以前の自分とそれ以後の自分の違いがもたらしてもいる。大きな揺れが生じた痕跡が感動だ。そうなると、想定された出来事や情報、意味ではない圧倒的な何かとの出合いを僕たちは実は欲していることになりはしないだろうか。

もどかしいままを口にする

僕はインタビュアーという仕事柄、いろんな分野で活動している人の話を聞いてきた。その中でも政治家や識者は普段から人に何か尋ねられる機会が多いので、ひとつ質問すれば、スラスラ答えてくれる人が多かったという印象を持っている。ときには、質問に付随するであろうことまで先回りして話してくれたし、しかも話の筋も起承転結がはっきりしているので、文章にまとめるのも楽だった。いわゆる論理的な話し方というものだ。普通ならインタビューしやすい相手でよかったということになるんだろう。

でも、饒舌《じょうぜつ》に話している人と接していると聞きやすいなと思う反面、どうしても警戒してしまう。別に嘘をついているんじゃないか？　と不審に思ってのことじゃない。滑らかな口舌の中で何が話されていないのか？　が気になってしまう。

論理的に話す人のそのクレバーな言動に出合うと、つい想像してしまう場面がある。前は灌木《かんぼく》が生え、雑草がしげり、石や岩があってでこぼこで雨が降ればぬかるんだり、水溜まりができたりしたところに、アスファルトが敷かれすっかり平らになり、歩きやすくなった。泥に足を取られなくていいし、ヒールも傷まない。快適に歩ける。そういう景色を思い浮かべる。

論理的な話しぶりというのもそうじゃないかと思っている。もとから平坦だったわけではなく、木の切り株や石をのけて整地してできあがった。

起伏や陰影に富んでいたはずの出来事を論理的に滑らかに語れることを世間は評価するけれど、さっきのたとえでいえば工事の後しか見ていない。何かを削除したから論理的に整序されているわけで、もとはどうだったか？　を見落としてしまいがちだ。

足元はでこぼこして、進もうにも下草だの木だのがあって、おまけに蔦《つた》が絡んで見通しが全然利かない。どこからどう進んでいいのか。手をつけていいのかわからない。何をどう話していいのかわからない人の目に映っている光景とは、こういうものではないか。だとしたら、もとの雑然とした姿には、なかなか価値を置けないことが多いと思う。だけど、これこそが手付かずの体験であり、その人にしかない原風景なんだと思う。

何かを体験したとき、いろんな感覚が生じ、感情が湧き、そこからあるストーリーが見えてくる。それをうまく組み立てられることを論理的と呼び、それを聞いた人が「わかりやすい」と頷くとしたら、それはきっと直線的な語りになっているはずだ。つまり「AだからB」といった2点間を最短距離で結ぶ話し方になっているだろう。雑草とか石とかがあったら迂回したりしないといけないし、それは論理的ではないから排除されて当然だ。と思うとしたら、その当然はそんなに当たり前のことだろうか。僕は人と人とが言葉を交わすこととは、どういう体験なのか？ という、いわば原初風景に興味があって、そこからコミュニケーションを捉えている。

そこから考えると、世間がいうところの論理的とは「AだからB」という直線のわかりやすさで、でこぼこや曲がりくねりを除いて成立している。ノイズをカットするから話が聞きやすくなるのは確かだけれど、一方でそれは手付かずの体験を摩滅させていくことでもある。

政治家や識者は話すことに慣れている。体験したことを繰り返し話す間に最初にあった感動やエピソードにあったざらついた質感、飲み込みにくかったはずの感情も擦り減って、引っかかりをなくしてしまっている。僕は饒舌さの中にそうやって摩滅された、定型のパターンのいくつかを感じることがある。そうなると目の前に座っているのは僕である必要はないし、相手は質問に対して自動的に答えてくれるbotみたいな話し方になっている。

僕はそんな整理されたものではなく、その人の原体験から立ち上がる言葉を聞きたい。そういう場に立ち会うことが、人と人とが話をするということだと思っている。

悲しい出来事を思い返し、それを口にするたびに涙が出てくる。胸が痛い。それはいつまで経っても癒えない傷が疼《うず》くからだ。その一方で、十分話し慣れて、山場の語りに相応《ふさわ》しく泣いてしまう場合もあると思う。それが良いとか悪いではなく、感情が昂《たかぶ》るとそうなってしまうのは自然なことだ。

僕は体験の摩滅を拒み、もどかしさのままに話をされていた人たちに出会ったことがある。その中でも印象深いのが、山口彊《つとむ》さんだ。山口さんは広島と長崎で2回被爆した、いわゆる二重被爆者。二重被爆者の正確な数はわからない。１６０人程度とされている。

僕が山口さんにお会いしたのは確か２００６年、初物のビワを勧められたから5月だったはずだ。その頃、山口さんは90歳になられていた。

ご家族の話によれば、数年前に足の骨を折ったけれど、寝たきりになることもなくむしろ前より元気に歩いているという。最初に会った際の会食では食欲も旺盛で僕よりも食べていた。

広島と長崎で起きたことを正確に述べることなどできない。被害がどれだけの範囲に及び、どれだけの人が亡くなったのか。数字が起きた出来事を説明することにはならないし、それこそ論理的、客観的にかつ結論から話すことなどできない。事実がそういう話法を激しく拒む。

そうなると、被爆した人の体験の語りは曲がり綻び、よたよたとした足取りにならざるを得ない。そうならざるを得ないだろうと予測はされた。問題は、僕がそれに対してどう構えたらいいかわからなかったことだ。とても怖かった。

山口さんの体験は、自分のこれまでの経験や知識が一切通用しないし、想像もつかないのだから。8月6日と9日の出来事と時系列で区切ることも、また「凄惨な体験」と5文字で表せるわけがない感情と感覚と記憶が膨れ上がった話に対して、どう聞けばいいのか迷った。悩んだ挙げ句、僕は広島と長崎の地図と付箋を買い、長崎のご自宅へ向かった。

まず幼年時代の話から聞いた。旧制中学を出たが家の事情で高校へは進学できず、造船所で働き、設計のための図面をひくことになった。戦争も途中からは物資不足で満足な船を造るのも難しくなり、コンクリート船の研究もしたという話もされた。

広島で被爆したのは、広島への出張を命じられたからだった。同席した編集者は山場を原爆投下と捉え、そこへ向けて話を運ぼうとしていたが、僕はそういう焦点の絞り方ではなく、当時の山口さんの眼に映っていた広島の日常をとにかく聞くことに決めていた。山口さんも自身の記憶の濃淡について自覚しておられた。だから僕は地図を広げ、工場や会社の寮の場所を尋ね、そこに付箋を貼り、休日に出かけたところに付箋を貼っていった。生活物資も不足していく中、甘いもの好きだった山口さんが大いに困ったのは砂糖が手に入らないことだった。せめて砂糖の代用品のサッカリンで味付けたぜんざいでもないかと探し回ったという。二重被爆の史実を体現している人の話を聞く。それを本筋とすれば、甘いものを求めて街を歩く話はノイズだろうか。端折《はしょ》って、本筋に戻すべき話題だろうか。僕はそうではないと思った。

甘いものを食べたいなと思っている日常に原子爆弾が落ちてきたのだから。そして、それは日常ではあるけれど、異常な日々でもある。とうの昔に暮らしが捻《ねじ》れて曲がっているのだから、直線的に話せるはずがないし、聞けるはずがない。原爆投下に集約されない逸話をできるだけ聞こうと思った。それが山口さんの体験にまったく太刀打《たちう》ちできない僕にできることだった。

そうして聞いているうちに、山口さんは記憶がどんどん蘇《よみがえ》ってきた。すると当時の広島の街のざわめきが聞こえてくる。「空襲に怯える戦争の日々」という文字の羅列の整然とした語りではわからない景色が見えてくる。

何気ない日常に抱いていた感情。暑い夏の朝、寮母さんに「行ってきます」と声をかけた一日の始まり。それは小さな感情の揺れであっても、あのとき確かに感じた夏空の下での出来事だった。山口さんは、戦争の語りが語っているうちに滑らかになっていくことを警戒されている人だった。戦争を二度と起こさないための語り。抵抗のための語りについて自覚的だったと僕は感じた。

ひとつの爆弾の投下で風景が一変した。空は太陽を失ったように思えたと山口さんは話した。太田川を死体が流れていく。筏《いかだ》のように流れていったという。「筏のように」と言い、少し声を詰まらせたけれど、人間が水面に浮かぶ木のようになるのは受け入れ難い光景で、それは決して滑らかに語れはしないことだ。でも、そう表現するしかないところに山口さんのもどかしげに身を捩《よじ》る様子を僕は見てとった。

ものすごく現実を見ている人だと思ったのは、宇品《うじな》近くで被爆し、会社の同僚がいる寮へ向けて歩き始めた模様を話したときだ。真っ暗闇の中、前から大人ひとりを先頭に幽鬼のように歩く一行がやってきた。前にのべた手からは皮膚が垂れ下がり、その一行は「一言も声を出さずにいた」と明かした。映画やドラマのように呻《うめ》く人はいなかった。その人たちは性別もわからないほど爛《ただ》れた姿をしていたのだけど、その中のひとりのわずかな胸の膨らみを認め、女の子と気づいたと山口さんは言った。そのとき山口さんの瞳に映った女の子の胸の膨らみが僕の眼にも映った。その瞬間、肌が粟立った。本当に恐ろしくおぞましいことが起きたことをそのとき僕は「怖気《おぞけ》を震う」という体感で理解した。こういった身体感覚をもたらす言葉が摩滅しない経験の語りとして残っていくのではないか。そのためには「もどかしげに身を捩る」ことが欠かせないんじゃないかと思う。

痛みはある。つらい記憶もある。だが山口さんはアメリカを憎んでいるわけではない。二度の被爆も人生の通過点でしかない。何のわだかまりもなく、そう思えたわけではないだろう。痛みや苦しみ、恨み。それらの強烈な引力はあっても、「それでも」と言えたのは、山口さんが全身で悶えたからこそだろう。

「ある」と「ない」の言葉を用い、そのふたつを行き交いながら、自身の体験を語るとき、その内容は「悲惨な体験」の整然とした表現に回収されることを拒む。それは物事を「ある」と「ない」のどちらかに分けてしまうことなく、その間に山口さんが足を踏ん張り生きていたからだ。そういう人のもどかしさに縁取られた語りを聞くことを僕は大切にしたい。

アイヌのおじさんの話

北海道に友人が住んでいて、彼女の暮らしている集落は半分くらいがアイヌだという。友人は木彫《もくちょう》をアイヌのSさんについて習っていて、僕も彼に何度か会ったことがある。Sさんは普段は駅前の民芸店で自作のトンコリ（楽器）や木彫の像なんかを売っていた。友人といるときはきっと違った態度なのだろうけれど、ものを売ることに関しては、おしゃべりをするタイプではないみたいで、あからさまな商売っ気もないから、こちらもそういう身構えをしなくて済んで、ずいぶん心地よかった。

数年前、その店を再度訪ねた際、柄の部分にアイヌ模様が彫られたペーパーナイフを見つけて、気に入ったから買うことにした。値札には1000円と書かれていたので「これください」と1000円札を渡したら「500円」と言われた。てっきり間違えていると思い、「1000円ですよ」と言ったらやっぱり「500円」と言われた。「500円でいいよ」とか「まけておく」の言葉の添えもないから、僕は確認を求めた。

情報を提供する側がいて、その確認を求める側がいて、その間で交わされるやり取りもコミュニケーションと呼ばれたりするけれど、それは表面的な言葉の意味に囚われて、常に真意を受け取り損ねた周回遅れのやり取りでしかないんじゃないか。ナマの新鮮な感じが失われたものになっているんじゃないか。そう思えば僕らが普段しているコミュニケーションには「確認」が目立つなと思う。

いつの頃からか飲食店でいちいち注文を繰り返して「よろしかったでしょうか」と言われるようになった。デパートで買った商品を手に取ろうと思ったら、店員がそうはさせないみたいな感じで、「そこまでお持ちします」とショップとフロアの動線との境界まで持ってくれるみたいな、大した距離ではないけれど、買ったことと謝意の確認の儀式みたいなことをする。僕らの日常には、もうすでに起きたことをわざわざ確認して、その実感を頭で理解する行為で満ち満ちている。

友人が言うには、Sさんは気に入らない客だと「売らない」と言ったりすることもあるそうだ。しかも「売り物じゃないから」とも言わない。それなら1000円が500円になったのは気に入られたからかもしれないし、理由はよくわからない。

明らかなのは、値段というのはそのときの気分や相手との関わりの中で決めるもので、だから定価というものはあってないようなものだということ。価値は流れの中で決まっていくから、そこに確認を求めるのは無粋なことで、僕が伝えるべきは、「５００円でいいんですか？　ありがとうございます」くらいで良かった。

あのときのことを考えるとずいぶん野暮なことをした。そう思うようになったのは、Ｓさんの人となりを窺わせる、かっこうのエピソードを知ったからだ。

ある日、本州から悩める青年がやって来て、Ｓさんに身の上話を始めた。Ｓさんは別にネイティブアメリカンの首長のような聖なる言葉を述べる人ではないけれど、アイヌというだけで妙な期待を持つ人も中にはいるらしく、だから時々悩みを抱えた人がふらりとやって来る。

その青年はセクシャルマイノリティで自身の性的指向に悩んでいた。世の中はいろいろと変わって来たとはいえ、青年を取り巻く現実においては、まだまだ理解の足りない人が多かったようだ。日常的に傷つくことも度々あったのだろう。思うようにならない暮らしで抱えざるを得ない葛藤について話した。そのときのＳさんの様子を僕は想像する。

僕は何度かＳさんと話したことがあるのだけど、人とのコミュニケーションにおいて当然と思われている態度を取らない。たとえば相手の話に「うんうん」と頷いたり、「なるほど」と相槌を打っては熱心に聞き入っているというサインを絶えず相手に送るとか。人と向き合って話すなら、そうするのが真摯《しんし》な態度だという考え方があると思う。

でも、これも相手がちゃんと話を聞いているかどうかをわかりやすく確認できないと不安になる気持ちに応えてできあがった態度なんじゃないか。けっこう現代的で特殊なコミュニケーションなのかもしれない。

60~70年くらい前の農村の暮らしぶりを撮影した映像を見たことがあるけど、いまみたいになんでも機械まかせで暮らせないから、何がしか常に手を動かしているのがわかる。それに稲刈りだの味噌とか醬油づくりだとか、ひとりではできない作業は、他の人と一緒にやるのが当たり前だし、しかも生真面目にそれに打ち込むみたいな感じではなくて、話をしながら、歌いながらだ。話すにしたって面と向かって、いかにも「会話をしています」というのではなく、並んで腰掛けたりしながら適当にやっている。

「適当」で「ながら」というのは不真面目だという印象を僕らは持ちがちだけど、それは工場労働だとかデスクワークといった、近代的な労働から見た話だろう。

Sさんもどちらかといえば、僕と友人と3人で話しているときも上の空に見えた。話している最中に椅子から立ち上がり、何をするんだと思っていたら、道を隔てた向かいの自動販売機に向かい缶コーヒーを買って戻ってきた。

後日知ったのだけど、Sさんはその頃ほとんど目が見えていなかった。だけど、話の途中で「さっき赤い鳥が止まっていただろう」と電線の方を見るでもなく言ったりした。

そのときの会話というのは、僕とSさん、友人とそれを取り囲む空間の中にあるもので、それに集中して注意を向けるというものではないという感じがあった。慣れてくるとその「適当さ」がよくて、そこに向けてしたい話を放り込めばいいという感覚になってくる。答えが返ってくるかは別にどうでもいい。


話を青年の悩みに戻す。彼はひとしきり悩みを打ちあけたのだけど、どうも彼が期待するような反応をSさんはしなかった。SさんはLGBTQ+とか、そういう概念は知らない。聞いたことがあるかもしれないけれど、たぶん興味がない。Sさんは近くにいた奥さんを指差し、こう言った。

「俺はあいつが好きで、だから一緒にいる」

青年はきょとんとした。腑に落ちない表情で帰っていった。


相手の悩みに寄り添い、その心情を察し、痛みや苦しみに共感し、「それは大変だったね」とか「つまり、こういうことが言いたいんだね」と言葉を添えることで相手が安心する。それが望ましいコミュニケーションという期待が僕らにはある。それでいうと、Sさんはそれらの要素が何もない。情緒的な湿り気がなく乾いている。

でも僕はSさんの「俺はあいつが好きで、だから一緒にいる」は、青年にちゃんと向き合っているからこその言葉で、彼に対して言うには、それ以外になかったと思う。

でも青年が納得しない顔つきだったのもわかる。Sさんの言葉には、心情を概念的に理解した表現が見当たらなかったからだ。青年は自分の不安に寄り添うものを確認できなかった。

つまりアイデンティティに言及した話があり、「自分らしくあっていいのだ」という肯定があって初めて「ああ、自分は理解された」と思えるのに、その手続きがない。「俺はあいつが好きで、だから一緒にいる」には思想や信条の入る余地はまるでない。好きという気持ちと行為が一緒。誰に何を言われようとどうでもいい。だって自分の気持ちだから。Sさんが言っているのは、「あんたが好きな相手が男だろうが女だろうが、好きは好きなんだから好きにすればいいじゃないか」ということだ。

「好きにすればいいで片付かないから問題なんじゃないか！」と言いたい人もいるだろう。でも、みんな自由が好きで、それを望んでいるんだとしたら、状況がどうあれ好きにするということがもっとも自由だし、そのときに初めて自由はコンセプトではなく、体現されたものになるはず。

Sさんの言葉には、「あなたらしくあっていい」という説明の言葉はないけれど、「俺はあいつが好きで、だから一緒にいる」という身も蓋もない事実だけがそこにある。

上の空に見えるとか、話している内容や意味に反応しないのは、意思疎通に向けた世間一般のコミュニケーションのマナーからすれば逸脱だ。僕は友人の住んでいる集落を歩いた。そしてSさんが話の途中でも特別注意を向けるでもなく、赤い鳥がいたことに気づいていたことなんかを合わせて考えていくうちに「なるほど」と思った。

この集落のアイヌは、本州でいうところの縄文時代くらいからずっと住み続けている人の末裔《まつえい》だという。明治になっても移住させられなかったのは、鮭や金が取れるわけでもなかったからだ。そういう意味で生きていくのは厳しい土地だ。当然ながら人間とどう関わるかよりも自然とどう向き合うかの方が重要だから、そういう感性がいまだに根っこにあるんだと思う。

風はさっきまでと向きを変えて吹くし、湖は表情を変えるし、意味みたいな固定的なものに頼り切っていたら生きていけない。自然は共感する相手ではないんだなと思う。人間も自然の一部だとみなす感性からすれば、わざわざ共感しなくても感じるときは感じるし、感じ方も人それぞれ。だから「好きにすればいいんじゃないか」になる。

誰かの発言に細かく傷つくとか、傷つくことに対して繊細なことが感性豊かみたいに思われがちで、そういうのはある意味で現代的なメンタリティだと思う。それが悪いわけでもないけれど、人間相手がコミュニケーションのすべてではないので、範囲を広げて自然界にその繊細さを置いたとき、それは繊細と呼べなくなるなと思う。

繊細さとは、外からの刺激にいちいち反応することじゃなくて、起きたことに対して自分の感覚を深い納得とともに認めることなんじゃないか。起きたことは起きたこととして素直に捉える。そこに良いも悪いもないのだと感じられることが豊かな感性になるんじゃないか。いちいち良し悪しのジャッジをしないから適当な幅の中で話ができる。

それに一対一の目と目を合わせての対話がいつだって誠実なわけでもなくて、むしろそういった視野が狭くなる見方を外して、もっと広い空間に眼差しを向けることが、より世界を豊かに感じ取れることになるんじゃないか。そのときの話しぶりは適当で気楽で、それでいて本当に自分と相手とを信頼したものになっているんじゃないか。

屈曲した冗長な話に秘められた思い

ここで少し振り返って欲しいのだけど、1章の初めの方で、最近は理路整然とした話でなければ、聞くに値しないと思う感性を「当たり前に感じられるようになっている」と述べた。このあたりで、話すことだけでなく、聞くことについても触れておきたい。

僕は自分でトークイベントを主催するし、ときに招かれて話をしたりする。イベントの最後には、質疑応答の時間を設けているのだけれど、その際に質問なのか意見を述べたいのかはっきりせず、要領を得ない話を長い時間かけてする人が時々いる。

僕はそういう人の話を聞いていると、頭の中で地図を広げる感覚になる。どの道を辿《たど》って、どこに向かおうとしているのかを探ってみる。そういう人は話しながら、途中で自身も何が言いたいのかわからなくなったりする。目的地に向かう道を見失った状態だ。

親しい間柄であれば、「何が言いたいのよ」と率直に言うこともあるけれど、そういう言い方だと焦らせてしまったりする。公開の場では、安心して話してもらえるように心がけているから、その人が混乱しているとしたら、地図を参照しつつ現在地はどこなのか、ルートを見つけてもらうよう声かけしたりする。

すると質問している人は「えーっと、何が言いたいのかわからなくなりました」と尻すぼみになって、浮かべた恥ずかしそうな表情の中にちょっと傷ついた感じもあるから、僕としては、いつも言い切る前に誰かに遮《さえぎ》られたり、時にはバカにされたりしているのかもしれないなと思ったりする。

どうしても聞きたいことがあるというわけではなくて、むしろ聞いて欲しかったりするんじゃないかと感じる場合もある。それも具体的に「このことについて聞いて欲しい」とかではなく、ただ聞いて欲しい。おそらく心ゆくまで聞いてもらった経験がほとんどないんじゃないか。

要領を得ない人が話しているときのイベントの空気には独特なものがある。回りくどい話を耳にしていると、イラッとした表情を見せる人もいるし、そこまであからさまではなくとも「もうちょっと簡潔に言えないかな」といった、うっすらとした苛立ちの空気が伝わっていくのを感じるときがある。

確かに迂回ばかりして全然真っ直ぐに目的地に向かわない話し方に「もっと端的に言えな

いかな」と思うのも仕方ない。僕もそう感じるときはある。

そういうふうに感じていることを否定しても仕方ないことで、それはそれだ。だけど一方で、目の前で現に冗長な話し方をしている人を良し悪しで片付けてはいない。というのも、苛立ちの感じ方だけに正当性を与えると、ある限られた話し方しか受け付けられない感性になってしまうと思うから。ノイズはカットされて当たり前。それで終わってしまうと、ノイズが訴えかけることに耳を傾けられなくなる。


それに誰しも生きていたら「要領を得ない話しぶり」でしか話せない局面が必ずやって来るものだ。自分の生き死にに関わる危機が訪れたとき、整然となんか話せなくなる。おろおろする。言葉を失う。自分でも何が言いたいかわからない。でも何か言わずにはいられなくなる。くどくどしい言い方しかできない。もっと言えば、回りくどい言い方がもっともそのときに相応しい話法だったりする。だとしたら、そういうくどさを何ひとつ省みることなく、ノイズだと削除して「私ならそんな言い方はしないけど」とつるりとした顔で済ませていいものだろうか。

近頃では、冗長な言い方に対して「で？」だとか「ただの感想でしょ」みたいに言っても何の差し支えもないみたいな風潮がある。僕はそういう言葉を耳にすると不穏な気分になるし、胸がむかむかしてくる。人にはそれぞれ言いたい思いがあるという事実を否定してかまわないというその傲慢さが嫌なんだと思う。

整然としたテキストを口にできない、そのくどくどしさが指し示すことについてもっと注意を払いたいと思う。

10年くらい前、僕は木彫彩漆《もくちょうさいしつ》工芸の職人であるWさんにインタビューした。彼はともかく見たままをなんでも彫れてしまう素晴らしい技の持ち主だった。取材では、その技芸をどのように磨いたのかについて尋ねるつもりだった。

いざ取材が始まると、「それについて話すには、まず私の親そして故郷の話からしなければなりません」と切り出し、両親の人となりや故郷である会津が明治政府からいかに迫害されたのかについて話し始めた。明治政府の不当さを訴えるくだりだけで1時間は経った。このままでは本題に至らないのでは？　と思ったのだけど、いや、そうじゃないと思い直した。これこそが本題に他ならないのに何を言っているのだ。この話をちゃんと聞かないといけない、と我に返った。

いわゆる論理的なコミュニケーションの見地からしたら、まるで質問に答えていない。話がずれているということになれば、軌道修正を図って介入するのが常道かもしれない。でも、僕はインタビューの際にほとんどそういうことをしない。

というのも、「ずれている」と聞き手が理解するときは、聞き手側にも原因があるからだ。聞き手側が、質問と答えは必ず対になっていて当然と考えているんじゃないか。

たとえば「技芸をどう身につけたのですか?」の質問に対しては、「こういう修業をしました」といったような。こうした返答で然るべきと思っていたら「この人の話はずれているな」という判断になってもおかしくない。

でも、それはあくまでこちら側の「そういう答えであって当然」という期待でしかない。相手がこちらの期待に応えていないからずれているというのは、ちょっとおかしくないだろうか。だとしたら、真意を汲み取れていないのは、聞き手の方になるんじゃないか。

少なくともWさんは質問に誠実に答えるから親と故郷の話からすると言ったのだし、本人はずれを感じていない。そうであれば、両親それぞれの性格の違いについて事細かく言おうとも、この話には技芸につながっていく一貫性があるということだ。明らかに彼なりの筋道があって、それは直線的ではなく曲がって折れて、いくつにも道が分かれているかもしれない。それを含めての論理なのだ。

予定の時間を大幅に超えて3時間あまりの取材となった。僕は余計な口を挟まず、きっと傍目《はため》には「これって本題と関係のないサイドストーリーだよな」と思えるような逸話も全部話し切ってもらった。そうして初めてWさんが見たままをなんでも彫れるのかが少しわかった。

Wさんはこう語った。

「色そのものを人間が考え出せますか。いや、色だけではなく距離や温度、位置、体積そして、命、愛。すべてが人間風情の想像を絶するものですよ。そういうもので私たちの世界は充満しているんです」

世界は人間が考え出せないもの、作り出せないもので成り立っている。生きているとは言葉に詰まることなんだと思う。美しさに打たれ、それについて何か言いたい気持ちがある。でも何を言っていいかはわからない。つまり絶句するところから僕らの暮らしは始まっているというわけだ。そうであれば、その思いだけが先行するような急《せ》く気持ちのままに話し出すしかないのだと思う。

もちろん、それだときちんと収まりのいい話にはならないだろう。だからといって、それをダメな話し方だとすぐさま決めてしまうのは早計だ。もしかしたら、言葉の枠に収まり切らないくらいの、圧倒的なディテールがあるから言い淀んでしまうのかもしれない。だったら、自分の体感したことを誠実に話そうとしたら、まとまりのない話としてそのまま出すしかないだろう。そのもどかしい経験をすれば、聞き方もまったく異なってくるはずだ。

ゴールに向けて直線的な話しか聞くに値しない。そういうふうに話せないのは本人が怠慢だからだ、能力の欠如だ、と思っているとしたら、その人は視覚に騙されていて、定規で引いたものだけを線だと思い込んでいるかもしれない。

Wさんはある人から真っ直ぐな茶杓《ちゃしゃく》を作って欲しいという依頼を受けた。どうしたものかと思案していたある日、台風が通過した翌朝の庭に折れた欅《けやき》の枝が落ちていたのを目にした。その枝を手に取ってみた。見た目は曲がった枝だ。だけど手で持つと真っ直ぐの線が枝を突き抜けていた。その枝で茶杓を彫ったところ、客観的には曲がっていても、目に見えない真っ直ぐが、果てしなく突き抜けていた。

「手に持つと曲がっていると皮膚に感じられますが、その感じられる中に真っ直ぐを感じた」

Wさんはそう話した。こうしてテキストにしてみるとわかる通り、わずかの間に「感じられます」「感じられる」「感じた」が立て続けに出てくる。でもなんで？　の説明はない。それにそれぞれの感じが違うことはわかっても、その感覚のなんたるかは全然わからない。わからないのは当然で、これは説明ではないからだ。わからなさを味わうことがここでは必要なんだと思う。

僕らが注目すべきは、Wさんが何を体感し、体験したのか。その密度と濃度であって意味じゃない。自分の感覚したことそのままを言っているのだから、それを丸ごと受け止めるしかない。そう僕は理解した。

Wさんはできあがった茶杓を持って依頼主のもとを訪ねた。どうぞと言い、差し出すと依頼者は曲がった茶杓を手に取った。そして目をつぶってこう言った。

「真っ直ぐだ」

第三章

感情を口にすることがもたらす力

共感が大事だと言われる理由

講座を各地で行っていると、しばしば参加者から聞かれることがあって、それは誰かと話しているとき、自分の感情がささくれ立つ話題があるというものだ。

「そういう感情的になるのが嫌だからなんとかしたいんですけど。どうすればいいですか？」

僕はそういうときに用いられる「感情的」という表現がすごく気になる。感情的であることは、感情を表すことと似ているけど違うはずだから。良い悪いはともかくとして、出てきてしまった感情を味わう前に、それを良くないものと決めてしまっているんじゃないか。

なので、尋ねられて思うのは、いまの世の中を生きていると、無自覚のうちに自分の感情を素直に表すことがとても苦手になってしまうんじゃないかな、ということだ。それだけでなくネガティブとされる感情をちゃんと認められないし、どう付き合っていいかわからないものだから、確かに湧いてきたはずの自分の感情を「感情的」とよそよそしく扱ってしまう。もしかしたら、それを成長とか大人になると呼んでいるんじゃないか。

そうやって自分の感情とフェアに接することができない習慣が、僕らの言動に強い影響を及ぼしていると思う。

こうした習慣はどういった影響を与えているのだろう。身も蓋もない言い方をすると、罪悪感を持ちながら嘘をつくようになってしまう。嘘をつくという言い方はちょっときついので、もう少し柔らかくすると「相手のことを思いやって本当のことを言わないで隠す」ようになる。

自分が本当に感じていることを口にしてしまうと、相手の気分を損なってしまう。協調性がないと社会からのけ者にされてしまうんじゃないか。そういう不安から行動すると、それが表面的には気遣いに見えたりする。相手の気分を害さないような発言や振る舞いに終始するから、それが丁寧な物腰に見えたりする。

あるいは「こんなことを言ったらどう思われるかわからない」という怖れがあれば、自分の意見を引っ込めて周りに合わせてしまうだろう。その際の正当化は、「自分の感じていることなんて大したことじゃないんだから」というもので、いつしかその言い訳も慣れてしまえば、使い勝手のいい理屈になる。

本当のことを言わないのは、相手を気遣ってのことかもしれないけれど、その真意は自分が傷つきたくない、ジャッジされたくない、仲間外れになりたくない、にあるだろう。とすれば、相手に心底関心があるわけではなくて、いつも自分がどう見られているかばかりに注意が向かっているから他人は不在だ。のけ者にされることを怖れているけれど、そんな人にそもそも仲間なんていないるんだろうか。

以前、僕はある地方都市の高校の課外授業に招かれた。先方の要望もあってコミュニケーション能力をテーマに話すことにした。県下でも優秀な生徒が集まる学校と聞いていたけれど、評判に違《たが》わず生徒の受け答えがとってもスマートだった。

こちらの話に対して「それは〜という理解でいいですか？」といった発言がしばしば見られたことからわかる通り、客観的に物事を捉え、予想される結果を先回りして考え、何をすべきかを瞬時に理解する。そういう情報処理能力に長《た》けているんだなと思った。

その一方で彼らは主観的に物事を捉え、考え、行動することに対してフリーズしてしまう。そういうことを本当にやってもいいんだろうか？　と不安になるようだ。どうやら主体的な振る舞いは、身勝手だし自分本位なことだと思っているようなのだ。

僕はコミュニケーション能力における「共感」について話す際、「カレーの辛さ問題」という例をよく挙げる。

友だちとカレーを食べに行った。彼は辛いものが好きで僕は苦手。友人がこう言う。

「ここの辛さ30倍のカレーはめっちゃ美味いから食べてみなよ」

断ると気まずくなるから頼んでみた。一口食べてみた。辛すぎて美味しいとは思えない。

友人が尋ねる。

「な？　美味いだろ？」

僕は生徒たちに「自分が同じ状況になったとき、どう答えますか？」と聞いた。彼らの反応は混乱と言っていいものだった。ある生徒は「美味しいと同意を示すと思います」と言った。なぜ？　と尋ねると「その友人との今後の付き合いで得られるものを考えると、そこで『美味しくない』と言ったりするのはリスクだと思うからです」と、真顔で「リスク」という語を用いてスラスラと述べた。

僕はこういう場面でリスクという語を使う人が本当にいるんだなとちょっと感動した。すると、別の生徒がこう言う。

「そういうときにあえて意見を言って議論をしたくないです。やっぱり空気を乱してしまいますから」

「辛いものを辛いとただ感じたままを言うことって、そんなにも避けるべきリスクなんでしょうか」

「辛いって、そもそも意見でもないし、議論になりようがない気がするんですけど」

「辛いと口にしたら壊れてしまう関係だとしたら、それって友だちなんでしょうか？」


こういうふうに尋ねてみたら彼らはうーんと唸った。

「確かに意見ではないですね。感覚なんで」と言った生徒に続いて、最初に答えた彼が「リスクというのは、将来的に見込めるメリットを考えたらなんですけど…」と語尾がゴニョゴニョし始めた。さっきまでの口調と違った言い切らなさが出てきたので、僕はこう続けた。

「リスクもメリットも全部予想ですよね。実際に何が起きるかは言ってみるまでわからないわけです。それも別に一大決心を必要としない、『いや、僕にはこのカレー、辛いな』と言うだけのことじゃないですか。だとしたら、自分が感じていることに蓋をしてまで維持しなくてはいけない関係ってなんでしょうね」

すると彼は「そうですね」と答えた。この「そうですね」は、これ以上面倒な話を続けたくないという遮断として口にしたわけではなさそうだった。客観性から答えへと最短距離で向かう、さっきまでの口調の揺らぎの表れとして僕は感じた。というのも、滑らかなしゃべりのときとは違った、ちょっと困り気味の表情を浮かべたからだ。これまでのパターンでは進めない壁に行き当たって困惑している。

僕は彼らを問い詰めて鼻を明かしたいわけじゃない。そうではなくて、ただ問うていただけだ。自分が滑らかに口にできることが、自分にとってどういう意味を持っているのかを知る。知識や情報といった自分の外側にあるものを知るのもいいけれど、自分の内側を知っていくことは、けっこう大事だと思っている。

それに円滑で論理的な話し方は、自分の感情や感覚を見ないでいるから可能になっているかもしれない。「嫌われるかもしれないから思っていることを口にしない」とか「主観的な発言や行為は利己的だ」と自己規制を働かせるとき、それで当面の人間関係は維持されはする。けれど、それは自分の感情や感覚を無視することと引き換えになっている。ある種の自傷行為になっているんじゃないか。

「カレーの辛さ問題」なんて滑稽に思えるけれど、たとえば会社の上役との食事の際に、自分の好きなものではなく上司らに合わせてしまうとか。あるいは同僚から浮きたくないから思っていることを言わないとか。「カレーの辛さ問題」は設定を変えて身近にあるし、高校生のことをとやかく言えなかったりするはずだ。この社会を生きていく上で僕らは同じパターンを演じていると言ってもいいだろう。

この10年くらい、やたらと共感という語を耳にするようになったし、コミュニケーション能力においても必須のものとして数え上げられている。共感そのものに良いも悪いもないけれど、「主観的に物事を捉え、考え、行動する」ことにおいて、共感が足枷《あしかせ》になっていることが多いんじゃないか。そして、気づかないうちに自分の感じていることを素直に口にする妨げになっているとも思っている。

たとえていうなら、他人と握手することがともかく良いんだという理解ばかり進んでしまい、ときには求められた手をはね除《の》けることもコミュニケーションなのだということが忘れられている。握手をしないことは、別に失礼なことではない。自分の尊厳を守るために必要な場合だってあるからだ。

共感が僕らの感性の発揮の妨げになる例を他にも挙げると、普段何気なく使っている「生きづらい」という表現だ。世知辛さを表す言葉に共感しているからだろう。奇妙な話だけど、「生きづらい」という表現を使えば、つらいことを流暢に話せてしまうという現象が起きている。同時に、そのつらさを共感できると錯覚する。

何をつらいと感じるかは人それぞれに違うはずで、つまりは極めて個人的な感覚だから、他人の共感を阻んでもおかしくはない。それなのに「生きづらい」という言葉を使ってさえいたら生じてしまう共感に自分を委ねてしまっている。そのとき僕らは自分のつらさや苦しさを大事にできていないということにならないだろうか。「共感が大事」という表現が僕らの個人的な感覚に基づいた、振る舞いを制限することに一役買っている。

あなたのつらさ、苦しさはあなたの暮らしの中で生じている。つまり自分の人生をまっとうしているときに生じる、本物の体験だ。

それをちゃんと味わっていると否応なく感覚が生じる。痛い。苦しい。怖い。そこから感情も出てくる。悲しいし怒りも湧いてくる。そうして「なんでこんな目に遭わないといけないのか」と悔しい思いも立ち上がってくる。

ちょっと自分の経験を振り返って欲しいのだけど、自分の感覚や感情にちゃんと根をおろして話そうとしたとき、自分の内側に力がこもっているのを感じたんじゃないだろうか。本当に怒っているときは、わなわなと震えるし、腹の底が熱くなる。そこで何か言葉を発しようとしたとき、それは「ワー」といった叫びでもいいのだけど、感じていることや思っていることが身体の奥の方から出てきそうになった、奔流みたいなのを感じたはずだ。

僕らが身体を持つ限りわかるのは、内側から溢れみなぎる力というものがあるということだ。僕が僕として感じ、思い、生きることは、あんまり社会と関係ない。社会に従って感じたり思ったりするわけじゃないからだ。


僕らが他人の考えや意見に共感してみせるのは、本当のことを口にすると排除されるから。その怖れから本当のことを言わないと思いがちだ。でも、そうではないんじゃないか。あの怒りや悲しみや喜びを覚えたときの全身を震わせる力が自分には備わっていること、自分が力を持っていると知ることを怖れているんじゃないか。

普通に人並みに、和を乱さないように生きることが良いと言われてきた。その結果、それ以外の生き方は社会から逸脱することになると思ってしまったので、自分に内在した力を怖れるようになった。無力であることを証明するために共感を隠れ蓑《みの》にしているんじゃないか。

滑らかになりようがない記憶

自分が普段から口にしている言葉は、自分にとってどういう意味を持っているのか。人は案外、それがわからないままに話しているんじゃないだろうか。脊髄反射のように、ある局面になるとお決まりの言葉が出てしまうことなど、誰しも身に覚えがあるだろう。

詳しくはあとで述べるが、僕の場合は、誰かからちょっとした指摘を受けただけなのに、すぐさま「何が悪かったの？」と口にする癖があった。

考えなしに口にするものだから、それが余計な一言になってしまい、あとで「なんであんなバカなことを言ってしまったんだろう」と反省する。

けれども「ある局面」になると同様の発言をまた繰り返してしまう。そうなると「そそっかしい奴だな」「よく考えてから発言しろ！」などと周囲に言われもするから、つい人格の問題だと思ってしまう。

でも僕は、こうした失言は人格ではなく、「ある局面」に対する固有のパターンの表れだと見た方がいいと思っている。他人の目にはわからない、ある種の危機を感じての、本能的な切迫した反応なんじゃないか。

「ある局面」について説明する上で、僕が育った環境を例に出してみよう。振り返ると、物心ついた頃から怒りに怯えて暮らしていたなと思う。うちの父親は怒りっぽいとか短気とか、そういうレベルではなく、常に噴火していたし、隙あらば怒るみたいな人だった。なので僕は常にビクビクしていた。大きな声を聞くとビクッとして右足を後ろに引くという無自覚の癖がついたから、右半身が捻れ気味だったりする。ちょっとした後遺症だ。

感情表現の中で怒りが桁外れに突出していた環境だったから、それに対するリアクションが僕の振る舞いの基礎を作ってしまい、怯えることが生きる上での姿勢になってしまった。

父親の信念は「強くなければいけない」だったから、「勉強もいちばん、喧嘩もいちばん、教養もつけろ、金も稼げ」といったことをずっと言われていた。とにかくいまの社会で認められる価値観を体現しなくてはいけないと考えている人だった。そんな期待に応えるのは荷が重い。日光に当たると熱が出たりするような虚弱体質だったし、意志も強くないから、要求されていることはハードすぎた。

勉強も「0点か100点かどっちかにしろ」という人だったので、僕がテストで97点取ったとき、めちゃくちゃ怒られた。「あと3点取れないところにおまえの人生に対する甘さが表れている」と言われて、「でも、0点だったらもっと怒るだろうな」と内心思ったのをいまでも覚えている。

怒りに対する怯えが無意識のうちに僕の行動を決定するようになると、怒りを回避することが自分の身を守る上で重要になる。親から否定されることは子供のときだと、生命の危機！　みたいに感じてしまう。いまとなっては、「ちょっと大袈裟だったな」と思う。でも当時は親に見捨てられたら生きていけないという気持ちがリアルにあったから、幼い頃の自分を茶化すことはできない。サバイバルをかけた行動が「怒りを回避する」ことだったのだから。だとしたら、怒りという局面に出合ったときの僕の回避パターンが、存亡の危機を前にした脊髄反射であっても当然だ。

大人になってからの僕のうかつな発言は、他人の怒りを前にしたときに起きがちだった。恋人とか近しい友人が僕の振る舞いを問題視したとき、僕はそれを「怒っている」と解釈し、「自分が悪いからだ」と判断して、「何が悪かったの？」とつい口にしてしまう癖があった。

相手は人格を問題にしていなくて、あくまで行動について「それは不愉快だ」とか「なんでそんなことをするのか」と言っただけで、悪いとは一言も言ってない。だけど、僕は「否定的に見られること＝怒り＝自分が悪い」のパターン認識しかできない。力が抜けてヘナヘナとなって、そういう反応しかできなくなる。そういうときは本当に呼吸も浅くなって手が震えたりする。少しでも否定的に扱われると動揺が鎮《しず》まらない。

僕がそのときに発しているメッセージは、「要するに僕が悪いってことでしょう。何が悪かったの？」だ。もう気づいている人もいるだろうけれど、これは相手のことはそっちのけで自分のことしか考えていない。

つまり自分の安心のためだけに気が向いているから、相手が言おうとしている意図をまったく無視している。向こうからしたら「こっちのこと見えてるのかな？」と不審に思うだろう。だって、僕が自分のことしか見ていないから。しかも良い悪いでしか言葉の意味を捉えていないので、相手にすれば「いや、そういうことが言いたいわけじゃなくて」としかならない。本当に受け止めなくてはいけない思いを確実に回避するために全力を注ぐ。それが僕の存亡をかけたサバイバルで磨いた技だった。

父の怒りに怯えた恐怖に彩られた記憶があり、それが「要するに僕が悪いってことでしょう。何が悪かったの？」という文法に沿った言葉をとても滑らかにしゃべらせる。

普段は口下手だけど、そういうときは淀みなく話せる。その目的は「要するに僕が悪いってことでしょう。何が悪かったの？」を否定してくれる内容を相手が話すことに向けられていた。ゴールは「とにかく僕を安心させて欲しい」で、どこまで行っても自分しかいなくて、相手は眼中にない。かつての自分のありさまをみっともなかったなと思うけれど、必死だったからしょうがなかったねとも思う。それだけ強烈な恐怖を覚えていたんだから。

脊髄反射は本能だから仕方ない。過去の記憶があるからそういう振る舞いになっても仕方ない。要は「自然とそうなってしまう」から仕方ない。だけど、それだけで済ませてしまっていいんだろうか。本能と記憶に基づいた恐怖にかりたてられて滑らかに話せる状態は、そんなに自然でもないんじゃないか。

というのは、この脊髄反射は本当の生命の危機に向けられたものじゃないから。僕がサバイバルの対象にしていたのは、厳しい自然環境ではなく、あくまで家庭という社会環境だった。幼い子供にとっては家庭がすべてだし、そこで恐怖を体験したのであれば、相当インパクトがあるのは事実だ。その衝撃に目を奪われて、パニックになってもしょうがないけれど、「幽霊の正体見たり枯れ尾花」の可能性もあるわけで、いま思えば僕は錯覚していたのだと思う。

父親は何につけても怒っていたので、別に相手は僕でなくてもよかった。極めて個人的な事情で溜まった怒りを発散させさえすればよかった。そこを僕は「僕が怒られている。僕が否定されている」とこれまた個人的に受け止めて、対父親のサバイバル技術を養ってきた。どっちも勝手に期待し、勝手に期待に応え、それをもとに記憶を作っている。

つまり、怯える日々が続いていたという強烈な記憶があったとしても、それは僕の採用した、もっとも語りやすいストーリーでしかないんじゃないか。その記憶をもとに「あんな父親だったから、僕は怒りに触れると認知が歪んでしまい、回避行動を取ってしまうんですよ」と滑らかに語れたとしても、それは本当に起きていた事実と違うのかもしれない。記憶に鮮やかなことが事実のすべてではない。そう言っても納得しない人もいるだろう。

たとえば、今日、電車に乗ったとしよう。満員ではないけれど、それなりの人が乗っていた。乗り降りの際にすれ違ったり、ふと見た幾人かは覚えているだろう。けれども車両の隅っこにいる人は見ていない。覚えていない。じゃあ存在しなかったのかといえば、そうじゃない。その人たちもそこにいた。

「そこにいた」という覚え切れなかった事実がある。その時間と空間を共有していたという全体の記憶が身体にはあるはずで、そこで息をしていたし、そこの温度を肌は感じていた。でもそれは「ああ、そういえば、あの人いたね」と「思い出す」という言葉で辿れるルートでは行き着けない。

覚えていられないほどの膨大な記憶が人間にはある。言葉で、しかも滑らかに語れる記憶は、僕たちを形成するほんの一部分でしかないんだと思う。

僕が「必死にサバイバルしてきた」というストーリーに従って編集した記憶は、断片的な事実にすぎない。この記憶をもとに生きている限り、自分が「無力であることを証明する」ことになってしまうんじゃないか。

たとえば、僕が「父親みたいにはならないぞ」と反発し、怒りを憎み、穏やかな心でいようと努める生き方を選ぶとき、それがいくらポジティブであろうとも、過去に囚われた生き方であることは否めない。あくまで過去に対するリアクションでしかない。仮に社会的に評価される生き方をしていたとしても、本当の意味で自分らしい生き方はしていない。

リアルな悲しみと怒りは幻想かもしれない

誰しも自分らしく生きたいと思っている。何ものにも囚われていない状態に途轍《とてつ》もなく憧れるのは、そうなったときに開放感や自由を味わえると思っているからだろう。どこまでも飛んでいけるような軽やかな感じで生きていけたら。そう思いつつも、現実の自分はどうかといえば、全然飛び立てないし、常に何かに縛られた重だるい感じがして、毎日どことなく苦しい気持ちで生きている。

確かに友だちとしゃべったり、好きなこともあるから、そういうことをしているときは楽しい。でも、それは苦しい気持ちをつかの間、麻痺《まひ》させているだけという感じもある。いつか自分はそういう重苦しさを手放すことができるんだろうか。

こんなふうに漠然とした苦しさを感じてインタビューセッションに来られる人も多い。ちゃんと働いているし、職場でもそれなりに認められているし、恋人や友だちもいる。親とも仲はいい。一見すると問題はない。

「何が自分を苦しめているのだろうとこれまで本当にいろいろ考えてきたけれど、『わからない』という答えにしか行き着かないんです」

こういった心情を吐露する人はそれなりにいる。インタビューセッションは分析をするのでもないし、「あなたはそう言うけれど、本当はこんなことを考えているんですよ」と誘導するのでもない。その人の言っていることをまずは言葉通りに受け取る。

「何が苦しいのかわからない。」と言うのであれば、「そうですか。わからないんですね」と返して信頼を得る、みたいなことは別にしない。大事なのは確認ではないし、それはタイムラグを生じさせてしまって、小さな不信を募らせていくと思っている。

その人が「わからない。」という句点の付いた締めくくりの言葉を用いてしまうとき、そのわからなさのディテールについて僕は尋ねる。「いかにそのことがわからないか」について話してもらう。

「わからない。」という言葉を使うとき、その人にとってはこれ以上は進めない壁が立ちはだかっているように見えている。そこに壁があることにリアリティを感じている。

だったら、なぜそこに壁があるのかはわからなくても、それを触ったときの手触りがどういうものかについては話すことができるはず。ざらざらしているのか。意外と滑らかなところもあるのか。ひんやりしているのか。亀裂が走っているのか。「わからない。」で終わりにするのではなく、どうわからないかについて話すとき、その人は自分の悩みを味わうようになる。

「悩み」は誰しも抱えるものだから、そういう意味ではありきたりのことだ。ある意味で悩みというのはパターンでしかないからだ。

突き詰めると、仏教で言うところの三毒（貪り、怒り、愚かさ）や愛別離苦の組み合わせでしかないとも言える。なので「こういうときはこれが効きます」みたいな処方箋のような解決策を外から持ってくることはできるし、一応の効き目はあるかもしれない。「生活習慣を変えましょう」とか「親と距離を置きましょう」とか。

それは有効かもしれないけれど対症療法でしかなくて、いっとき前向きな気持ちになっても落ちるのも早いと思う。やっぱり内側からの変化が訪れない限り、根本的に悩みがなくなることはないと思う。そのためには外からの力に頼り切るのではなくて、自力が必要になってくる。それは自分の目を耳を感覚を信じることだ。

話を聞くというのは、解決策を示すのではないし、答えの押し付けでもなくて、その人の力を、つまり感覚を信じることだ。であれば、僕ができるのは、その人が見ている風景をその人の歩く速度で一緒に見ることだ。

たとえば、「いろいろ考えてきた」と本人が言うとき、それは当人の過ごした時間の中で見た景色について描写している。だから、どこに立って、どの位置から見ているのかを僕が知らないといけない。そうして壁が立ちはだかっていると感じているのであれば、いまの立ち位置と壁がどれだけ離れているのか。話を聞いていて、「どうやら壁に触ったことがないみたいだな」とわかったら、そこまで歩んで触ってみたら、どういう感じがするのかを聞く。それが実はその人の記憶、これまでの歩みを尋ねることになっていたりする。

「いろいろ考えてきた」という取り組み方は、とても真摯ではあるけれど、すでに自分が知っていることの中で考えている。それに比べてこれまでの歩みを感じて振り返るとき、自分の知らない自分に触れることになるのではないだろうか。

「いろいろ考えてきた」という考えの通り道が、それこそ先述した僕のように、怒りへの怯えからできあがったものだったとしたらどうだろう。人それぞれ生きてきた中でサバイバルのやり方があり、それに基づいた信念を持っている。

つまりサバイバルしてきたという危機感が記憶している範囲で懸命に考えたときに現れる

のが壁だとしたら、その記憶の外に出たとき自由になれるんじゃないか。

「壁なんて幻影だ」と、そんなのは他人に言われなくてもわかっている。幻影ではなく「リアリティがある」と本人が確かに思っていることが大事で、それが記憶の外に出る鍵になるはずだ。リアリティとは、現実ではなく「現実っぽさ」を示している。この「現実っぽさ」を裏打ちしているのは、「一見すると問題ない」と感じているあり方にあるんじゃないか。

ちゃんと働いているし、ちゃんと友だちもいて、ちゃんと親とも仲はいい。この「ちゃんと」で舗装された問題のない滑らかな感じが、いちばん苦しいことだと気づいているんじゃないか。そこが壁の入口かもしれない。だったら、その壁をちゃんと触ってみる、匂いを嗅いでみる必要があるんだろう。

それはとても怖いことだから勇気が必要ではある。なぜなら親と仲がいいのは親の価値観を否定しないようにして成り立っていることかもしれないから。いい息子や娘でいよう、親の期待に応える存在でいようという力みがもしかしたら、しんどさを生み出しているのかもしれない。

だからといって親が悪いわけではない。親は日頃から「やりたいことをやればいい」と言ってくれたのではないだろうか。ただ、その「やりたいこと」がなぜか親が眉をひそめない範囲に設定されていて、そこに窮屈さを感じているのも確かだ。

親はあからさまに自分を否定したわけではないから、どれだけ考えても親に落ち度はない。だから誰が悪いのかといえば、自分に問題があることになるけれど、何が自分の問題かわからない。これが壁なんだと思う。考えると身動きが取れないようにぐるりと周りを囲まれている感じ。

「明らかに否定されたわけではないけれど、親が眉をひそめない程度に自分の自由が設定されている」というストーリーがあるとき、僕はそこになんらかの痛みの痕跡を感じる。

話を聞いていくとわかることがある。幼いときに無邪気にやったことが、「そんなことするんだ」と当惑の表情で迎えられた。少し成長して自分の判断で何かを選べることに手応えを感じた。でも、親の同意が得られなかった。

そうしたことに「親を失望させた」という気持ちが生じてしまった。それが本人にとって無自覚の傷となり、胸のつかえになって、本当のことを言えなくさせてしまった。

親が子に対して全面的な否定で臨めば、精神的に骨折するような怪我を負う事態になっただろうし、そこから反発というコミュニケーションも親子の間に生まれただろう。

でも、「当惑」と「うっすらとした不同意」では、互いの関係性がどういうものかが決定的に明らかになっていないので、この煮え切らなさのもたらす衝撃は、打撲のような負傷として経験されてしまった。大したことがないように思える。でも疼き続ける痛みではある。何が問題かを考えてもわからないときに決まって疼く。

疼きは身体に記憶された痛みであり悲しみ、怒りだ。「あのときあんなことがあったから傷を負った。でも誰も責められない」。痛みについて考えると、こういうストーリーが出てくる。晴らすこともかなわない痛みだから苦しい。だからずっと重苦しさに拘束された感じがある。

でも、僕はこういうストーリーもまた、一見リアリティのある筋書きに過ぎずリアルとは関係ないのではないかと思う。なので、リアリティに近づいて触れてみる。

たとえば、親に『そんなことするんだ』と当惑の表情で迎えられた」と当人は重々しく捉えているけれど、実は親としては「ちょっと戸惑ったけど、まあいいかな」というくらいのことだったかもしれない。同意をしなかったのも「いまどきの子の趣味がわからなかった」だけかもしれない。

傷ついた事実はあった。けれど、それは傷つくことを選んだ結果の傷だったのでは？　だとしたら、いま感じている「重苦しい痛み」はリアルな痛みではなくリアリティのある痛みではないだろうか。

自分をフェアに扱う

身体が記憶した痛みに対して、以前はただ痛がるだけだったけど、いまは少しは自分から離して捉えられるようになった。とはいえ、なかなか引き剝がせなくて、引っ付いてしまっている記憶があるもんだなと思わされる瞬間がある。いわゆる気が合わない人と出会ったときだ。

おもしろいことに、そういう人は雰囲気とか、なんだったら顔つきまで似ていたりする。だから会った瞬間にわかる。「あ、また現れた」と。

その人の性格が特別悪いというわけではないということは、頭ではよくわかっている。だけど、ただ話しているだけなのにすごく胸がざわついたり、喉がぎゅっと締め付けられる感じがしたりするし、ともかくイラッとしてくる。過去の嫌な記憶が蘇ってくる。

「あのときのあの嫌な感じ」がありありとしてきて、さまざまな感情がうごめく。表向きは「へー、そうなんですね」と言っても、心の中では、「うるさいな」といつもの自分ではありえないような激しめの副音声が流れていたりする。そういう人となるべく話したくはないんだけど、なぜか似たような人が必ずと言っていいほど周期的に現れたりする。最近では、そのサイクルがおもしろいなと感じ始めているし、そのたびに「いまの自分が試されているなぁ」と思う。

ところで知り合いの精神科医が「イラッとするというのは殺意だ。というより、心の中でその人を殺している」と話していて、なるほどなと納得した。僕はけっこうイラッとすることが多いのだけど、そうした殺意の発火点は怒りで、それは記憶と紐づいている。

怒りの感情を見ていくと、その反対側にあるのは悲しみだというのがわかる。親や兄弟、友人から。学校や職場、もっと大きくは社会から否定され拒絶され、軽んじられ傷ついた出来事があり、悲しみに暮れた経験がある。

そのときは、自分ひとりの力ではどうしようもなくて、ただ蔑まれたり、侮られたりするがままになった。受け入れたくないものを受け入れるしかなかった。暴風のような言葉や冷たい眼差し、こちらを見下す態度によって自分の中が荒らされて、屈辱だけを残していく。そういう感覚があった。それは癒されることのない悲しみをもたらすし、そこに怒りを覚える。

自分と相容れない価値観の持ち主と会うと、そうしたかつての記憶が刺激される。「イラッとするというのは殺意だ」と言われたら、そんな自分を受け入れ難く感じる。自分の暴力性に怖さを覚えるから。他人を受け入れられないことを心の狭さだと捉えて、「もっと寛容にならなきゃ」と反省したりもする。

だけど、これは人格の問題ではない。それに寛容になれば自分は良い人になれるといった、正解を求めてしまうことは、根本的に何も解決しないと思う。そもそも、それは誰にとっての良い人なんだろう。自分にとってなのか。それとも自分が苛立つ人にとってなのか。

イラッという瞬時の殺意の訪れ方が示しているのは、行き場のない悲しみと怒りが僕の中にあるということだ。反省が見落としがちなのは、ここだ。疼いている痛みがそこにずっとあるということに気づけない。

悲しい出来事を思い返したり、怒ったりするのはしんどい。自分のあまり見たくないところだ。そういうことに向き合うよりも、「人格の問題」という大雑把な理解をした方が楽ではあると思う。

でも、それは自分の感情を雑に処理してしまっていることになるんじゃないか。他人が自分をそういうふうに扱って傷ついたのだから、せめて自分は自分に対してフェアな態度で接していこう。

そのためにも、まず人を暴力的に否定したい自分がいることを認めてみる。そうしたら、ここですぐさま誘惑に駆られると思う。「そんなことではダメだから改めないといけない」といった道に誘われる。でも、前にも述べたように、グッと堪えて心の中で起きている現象をすぐさま直線的に考えるのではなく、もっと立体的に捉えてみたい。

暴力的な気持ちは、かつてのどうすることもできなかった出来事への悲しみと怒りがなんとか晴れることを求めている。そういう記憶の切実な訴えだと理解するのが自分に対するフェアな態度じゃないだろうか。助けを求めていると言ってもいいだろう。

悲しみも怒りもよくよく見たら全然単調ではないし、それらの感情が含み、そして求めているものは、もっとさまざまな音色を響かせているはずだ。

「どうして?」「なんでわかってくれないの?」「どうせ私なんか」とかいろんな階調の思いが入り混じっている。そういう声には耳を塞ぎたくなるのも心情だけど、「もう大人なのに幼稚だ」とか「独りよがりだ」とか決めつけずにいたい。それがたとえネガティブで幼い感情であっても、それが現状の自分だし、そこに単純化できない膨らみがあるということなのだから。だったらなおさら「良い・悪い」とわかりやすくは区別できないはずだ。「大人なのに幼稚」にならざるを得ない良し悪しで分けられないストーリーがあったということなのだから。

自分の内側で起きている事実を解釈やジャッジ抜きに見てみる。難しいことではなくて、たぶんそれは自分に「優しくする」ということだし、「リラックスする」ということだ。するとちょっとこれまでの自分と、いまの自分との違いが見えてくると思う。感情の奏でる複雑な音色を無視し、ただ大雑把な怒りや悲しみに自分を委ねてきただけかもしれない。

気が合わない人と出会ってイラッとしたとき、相手に問題があるように見えてしまう。それも仕方ないけど、注目すべきはそっちじゃない。見るべきは、苦手な人を通じて、過去に傷ついた記憶が「いまなお同じような痛みとして思い出され、悲しみや怒りが湧く」というメカニズムの方だ。

ある意味で毎回、新鮮に痛みを覚えているわけだけど、これはよく考えたらとても奇妙なことだ。というのも過去の痛みは、いまのことではないのに、なぜかいま負った傷のように感じてしまう。実際にはないのにあるように感じるという幻の痛みだ。さっきのリアリティの話を思い出して欲しい。何が痛みにリアリティを与えているんだろう。

苦手な人は「あのとき味わった悲しみや怒り」を思い出させる。自分にくっついて離れない記憶が「いかに自分が傷ついたか」や「決して許せない思い」について滑らかに語らせ、そしてまたふつふつと悲しみと怒りが湧く。この感情に飲み込まれるがままというのがこれまでのパターンだったとしたら、ここに自分が掘った落とし穴があるのだと思う。これは罠なのだ。同じ苦しみを続けるのか、それともそこから離れるのかが問われている。

新しい道を選ぶのは怖い。想像もつかない試練が待っていると怯えもするし、そうなると足がすくむ。新しい道は、当然ながらこれまでとは勝手が違うから、新しい心持ちと姿勢で進むことになるだろう。それは何かといったらやっぱり自分への優しさとリラックスの姿勢だ。

そういう自分に対するフェアな態度で観察していくとわかるのだけど、ここで湧くのは感情ではなく、それに似た何かだということだ。あくまでそれは「感情的なもの」だ。過去を思い出し、記憶した感情を律儀になぞっている。

そういうときは記憶がありありと蘇り、胸が痛んで悲しい。自分を包む状況がとてもドラマティックに感じられる。そうしたドラマに巻き込まれたとき、感情に溺れ、行き先を見失った感覚に襲われるはずだ。それが葛藤というドラマの醍醐味ではあるだろう。

方角を見失ったとき、何を目印にしたらいいんだろう。僕たちは「自分らしく生きたい」と願い、「何ものにも囚われていない」ことに自由を感じているはずだ。そこが目指す地点だとしたら、過去に目を奪われることなく、事実を見据えてみてもいいんじゃないか。目をしっかり開けてみれば、古びたドラマはあっても、新しい出来事は何も起きていないことが明らかだ。誰もいまのあなたを蔑んでいないし、否定していない。

過去といまとを直線的に結びつけて怒りや感情を発火させている。このつながりをもたらすのは、まぎれもなく自分だ。ここで必要なのは、「なんて情けない」というようなジャッジの後に続く反省ではなく、どこまでもフェアに事実を観察してみることだ。

すると見えてくる。他人から受けた傷によって悲しみと怒りを覚えたけれど、それと同時に自分の無力さに傷ついたのだということが。かつての他人から受けた暴言も暴力もどうすることもできない。過ぎ去った時間は取り戻せない。でも自分が無力だと常に唱え続けることが傷を疼かせているとしたら、それをやめることはできる。

僕たちは他人を通じて自分を知ることができる。相手の中に自分を見出し、自分の中に相手を見出す。そうして自分の中にいろんな人がたくさんいることに気づく。僕にとって気が合わない人は、誰かにとっては気の合う相手だったりする。じゃあなんで僕はその人が気が合わないとわかったのか。それは僕の中にその人がいるからだ。

僕の中にいまだに傷が癒えず、苦しんで憎しみを抱いている人もいるのかもしれない。

でも、たくさんの知らない人が自分の中にいるのだから、傷ついていると感じる自分が自分のすべてではないと、もう知っている。だから自分の中のその人の悲しみや怒りだけを取り上げるのではなく、フェアに接することができるはずだ。

第四章

自己肯定感は いらない

自己肯定感というスローガン

友人が小学生のとき、親の転勤で沖縄へ引っ越した。初めての登校では着慣れたデニムのジーンズを穿《は》いていったそうだ。それは子供向けに作られたというよりは、大人向けのジーンズの小さいサイズといった、ようはかっちりとした印象のちょっと大人びた雰囲気のするシルエットのジーンズだった。

自己紹介を終えて、席についたとき、周りの子供たちがわらわらと寄って来たので、友だちは「え?」と思ってちょっと身を硬くした。何か言われるのかなと待ち構えていた。そしたら、「わー、かっこいいな」「ねー、どこで買ったの」と予想しなかったことを言われた。一つひとつに答える暇もないくらい、質問攻めにあった。

それは彼女が内地では経験したことがなかった反応で、その無邪気さが醸《かも》す心地よさに包まれた記憶はその後も全然色褪せることがなかった。それから数年続いた沖縄での暮らしは、とにかくすごくいい思い出として残っているそうだ。彼女は再び転校し、今度は本州の内陸部で真反対の経験をする。人目をひく顔だちだったのもあったのだろう。「変な格好」「変なの」と何かにつけて言われるようになる。落差がとても大きく、当時は沖縄に帰りたいと思って悲しくなったそうだ。

自分と違う格好を見て、「いいな」と素朴に思えるのと、それが「変なの」になる境目はどこにあるんだろう。僕の経験を振り返ってみる。

沖縄の話に継いでいえば数年前、運転免許を宮古島の合宿免許で取った。宮古島に初めて降り立ったときの印象は、沖縄本島の人よりも「顔が濃い」ということに尽きた。自動車学校の職員やスーパー、飲食店と数日の間は会う人会う人に心の中で「濃い顔だなぁ」とつぶやいていた。でもある日、鏡を見てハッと気づいた。「あれ、宮古島の人が濃いんじゃなくて、僕の顔が薄いってだけの話じゃないか？」

濃い薄いが自分基準でしかないことをそういえば忘れていた。感性なんて自分本位だからそれも当たり前ではある。あるけれど、鏡を見て気づいたのがすごく示唆的なのは、人は自分の顔を直接見ることはできないということだ。

つまり自分の感性がどういうものかは自分ではわからないから、顔のように鏡に映して改めて見ないとわからない。それが僕の場合は、内心で唱えていた「濃い顔だなぁ」という言葉でもあって、それを言っている自分ってどうなんだ？　という振り返りが、いわば鏡に映った姿だった。

人間には比べるという能力があって、違いをわかることができる。「あれ」と「これ」との違いだとか。動物もそこは同じだ。ただ人間は、違うという質感に感情を乗っけることができる。それも能力かもしれないけれど、取り扱い注意なところではある。

「違う」というのは単なる事実だから、良いも悪いもなくて、そのレベルにとどめておけば、せいぜい「かっこいいな」という素朴な憧れの話で済ませておける。

けれども、そこから「それに比べて自分ときたら」と思い始めたら厄介な話になるのは、誰しも経験しているからわかるだろう。次に待っているのは、「なんで自分はそうじゃないんだろう」で、そこから「なんであいつだけが——」みたいな嫉妬に向かっていく。

憧れにはカラッとした陽気さがあるけれど、そこからの雲行きの怪しさでだんだんとジトッと湿っぽくなって、嫉妬になったら土砂降りで、もうウェットどころではない。自分の感情で溺れるくらいの水位になりかねない。

嫉妬に突っ走って嫌がらせをしたり、メラメラした気持ちをたぎらせていられるのは、「あいつさえいなければ」と敵が外にいると思えているからだ。でも、嫉妬の本当の苦しさは自分の感情に飲み込まれて、息ができなくなるところにある。

苦しさから逃れるためにはどうしたらいいかといえば、特効薬は「人と比べたってしょうがない。自分は自分なんだから」というポジティブな捉え方で、そうやって自己肯定感を高めていけばいい。こういう考え方がいまポピュラーになっている。

自分を受け入れることが大事。自分を愛することが大事。それがセルフケアになる。確かにそうだとは思うけれど、「自己肯定感を高めよう！」というスラスラした文言に引っかかりを覚えるのは、かつて僕がヘビー級のネガティブな考えの持ち主だったからというわけではない。

たとえば僕がそうであったように、「あの子は性格がひねくれている」という言い方を世間ではする。それは性格に限った話ではないかもしれない。心と身体はひとつだと言うように、僕もその通りで身体も見事に捻れていた。昔は素直だったはずだけどなと思うのだけど、思い返すと転機になった出来事はある。

前章で、育った環境では理不尽に怒られることが多くて、そのせいか「大きな声を聞くとビクッとして右足を後ろに引くという無自覚の癖がついたから、右半身が捻れ気味だったりする」と書いた。

捻れの始まりは9歳のときに階段から落ちて額を強打し、右目がほんの少しずれた、そのあたりからじゃないかと思う。かなりの打撲で額が腫れ上がって、骨の変形がいまだに残っているくらいだから、いまだったらCT検査されると思うけれど、当時駆け込んだのは町医者で、治療といっても湿布を貼られて終わりだった。僕も大事だと思ってなくて、だからずれていると気づいたのも最近の話だ。

僕は人と目を合わせるのが苦手で、がんばって目を合わせても相手からしたら「合っている感じがしない」とよく言われていた。なんでだろう。心が閉じているからかな？　と思っていたし、それもあるかもしれないけど、どうも右目のわずかなずれのせいでそう感じさせるようだ。

酷い打撲をしたことを境に右半身にばかり怪我をするようになった。重度の足首の捻挫、半月板損傷、脱臼、裂傷。右に偏る怪我のせいかどうかわからないが、背骨も歪んでいる。歪みは怪我と足並みを揃えていたのかもしれない。気がついたら、話すことがすごく難しくなっていた。何か話そうと思っても固まってしまって何も出てこない。話してもつっかえて途中で止まってしまう。何も手渡すことができないし、受け取ることもできない。

うまくしゃべることができない。人とつながることができない。だから、人との関わり方が巧みな人を見て羨ましいと思った。嫉妬に狂うことがなかったのは、自分にはそんな価値すらないと思っていたからだ。

嫉妬が他人を呪うことに懸命になるとしたら、僕はひたすら自分が無価値であると思い、そのための証拠がために忙しかった。「あの人と比べて自分はこういうことができないからダメだ」というのが自己否定の王道だけど、王道というのは真っ当すぎてちょっと自己否定の解像度が低い。

僕のひねくれの特徴は細かくてしつこいところで、王道という幅の広い道から脇に入った奥まった細道をあえて見つけてくる。いわば非常に解像度の高い自己否定を行い、とても丹念に「いかに自分が無価値なのか」を検証し、確かめ、「そうに違いない」という結論に至るまでやめない。

自分の価値のなさを実にしつこく検証してきた僕ではあるけれど、いつしか「これでは身動きが取れない」という苦しい思いを抱えるようになっていた。自己否定は本当に自分の心も身体もガチガチに縛ってしまう。

というのも何かしようと思っても「どうせ自分なんて」という思いが足枷になって、新しいことに向けての一歩を進められないからだ。進められない自分をまた「だって仕方ないじゃない。能力ないんだしさ」「やっても無駄だよ。どうせうまくいきっこないんだから」と正当化することはスラスラと語れたりするから不思議だ。現実の僕は饒舌じゃないのに、自己否定だけは滑らかに語れてしまう。

「どうやらこれって自己評価が不当に低いと言うらしい」と気づいたのは、身近な人のおかげだ。自分を貶《おとし》めたことを言うと、「そんなことないよ」と信頼できる人が言ってくれるのに、いかに自分がダメかを相手に向けて力説していた。よく考えたら信頼している人の評価が間違っていると言っているわけだし、なんで相手の言うことを素直に受け取れないのだろう。このメカニズムってなんだ？　という気持ちになった。

確かに、できないことはいろいろあるけれど、できることもある。それを全部ダメの一色で塗りつぶすのは、すごく怠慢だし、ひとつの見方に固執《こしつ》して他の人の考えを受け入れないというのは傲慢なんじゃないか？

自己卑下は傲慢の裏返しだと気づいたとき、冷や汗が出た。そのとき「自己肯定感を高める」必要はあるなと思った。そうなると「自分は自分らしくあればいい」とか「僕は◯◯ができるんだから大丈夫。比べる必要はない」とかの思いが出てくる。これは事実に則しているし、とっても自然なことではある。

でも、人間の能力のおもしろさは、湧いて出てきた思いを確認しようとすることで、そのときに自然な思いがスローガンになってしまう。スローガンを唱えているとすごく発奮するだけど、それと引き換えに最初の自然な思いは、不自然になっていく。

「僕は僕らしくあればいい」という肯定感は「人と比べなくてもいいんだ」という落ち着きをもたらした。これは本当にそう。すると今度は「僕は僕らしくあればいい」と唱えることで安心を得ようとし始める。唱えていないと不安になるというパターンができあがる。

不安になると呪文のように「僕は僕らしくあればいい」を唱える。これは自己肯定感を得るためのひとつの呪いになって、違った形で僕の心身を拘束し出したのだ。

肯定感から肯定へ

　こんなにも自己肯定感が持ち上げられるということは、それだけとんでもなく自己否定感を抱えた人が多いからなんだろう。そういう状態に陥った経験があるのは、僕に限った話ではないと思う。「自分が自分らしくあってもいい」という、本当にもう当たり前に過ぎる単純な言葉に背中を押される思いをするということは、「自分は自分らしくしてはいけないし、誰かのように振る舞わないといけない」というメッセージを受け取り、「そうでなければ生きていけない」と強く思ってきたからだろう。むろん、「そう思わされてきた」という側面もあるだろう。

　というのも、家庭でも学校でも、しつけや教育と呼ばれているものの基本は「ありのままでいてはいけない」だったから。極端な話に聞こえるかもしれない。だけど、振り返れば、あるべき姿と比較されて怒られたり、説教されたり、諭されたりするとき、「自分らしさ」より前に「みんな」を引き合いに出されたことが多かったんじゃないだろうか。（そもそも

あるけれど）

教育がそういった萎縮させるものとしてイメージされている時点でどうなのかという話では

「みんなは電車の中ではお利口にしているよ。恥ずかしいなぁ」

「多数決だし、みんながそれが正しいと言っているんだから。それを尊重すべきじゃないのか」

「みんなと同じ行動をしないのは、おまえがワガママだからだ」

こんなふうに「みんな」を持ち出されると、自分の感じていること・思っていること・考えていることを行ったり、口にしたりすることがいけないのだと思っても当然だ。こうして自分の言葉で話すことは、協調性を乱すワガママな振る舞いなのだと捉えることを自然と学習してしまう。

小学校に入学したとき、どうしても抵抗を覚えたことがあって、それは整列する際の「前にならえ」だった。なぜこんな奇妙な格好をしなければいけないのか納得ができなかった。みんなに揃えて並ぶ必要がどこにあるのかわからなかった。

だいたい前の人との間隔なんて目で見ればわかるだろう。感覚でわかることをわざわざ確認させることの意味がわからない。僕のことをそんなにアホだと思っているんだろうか？心の中がざわざわしているし、従いたくない気持ちがいっぱいだから、いやいや前にならえをする。当然ながら肘を真っ直ぐに伸ばすなんてことはしない。そしたら不真面目だと教師に怒られた。「いつまでも幼稚園の気分でいるな」みたいなことを言われたのを鮮明に覚えている。そんなことを真顔で指導している教師が信じられなかった。

学校教育というのは、自分を直線に揃えることなんだと後になって理解した。前にならえでは、膝も背筋も気をつけの姿勢を取り、肘を水平にして手を前に出す。身体の本来持つ自然さからしたら極度に不自然な姿が正しいとされる。ともかく教師の言うことに反論してはいけないし、額面通り受け取らないといけない。前例に従う。一方通行の線的な理解を要求される。なぜ？　と問うことは線の世界を曲げるし、脱線させることになるので罰せられる。

僕らの世代は体罰が常識だったから実際に殴られた。理由は言うことを聞かない、つまり命令に従わないからだ。こうした支配のルール設定からは自己否定は大いに促されても、肯定の動きは生まれない。

僕は仕事で学校の取材をする機会もそれなりにあるので、見知った限りでは、かつてのようなめちゃくちゃな教育現場は少なくなったとは思う。個人を尊重し、自己肯定感を促す教育は大事だという認識は広まってはいる。

でも先日、先進的な教育を行っていることで有名な小学校を見学した際、確かに個人の尊重と自己肯定感の促進がうたわれてはいたけれど、そうやって強調されるほどに以前と同じような、みんなに揃えて自己否定感を育んでいく教育の影の濃さを感じたのも確かだった。

その学校の特徴のひとつは、生徒の自主的な発言を尊重し、教師は最後まで遮らずに話を聞くという授業を行うことにあった。僕は希望した授業の見学に向かうため廊下を歩いていた。そこは2年生の学級が割り振られたフロアだった。

その学校に入った瞬間からすごく気になっていたのは、校舎の中にあまりにも多くの標語やポスターが溢れていたことだった。低学年の階もそうで「○○学校の子らしく」とかクラスごとの年間の目標とかが貼られていたり、どこに目を向けても文字が飛び込んでくる。空間に抜けがないので圧迫感を覚えつつ歩いていた。すると階段の踊り場の手前の掲示板に貼られていたスローガンに目が釘付けになった。

「他者を意識しよう！」

気づいたらグッと拳を握っていたし、胸がむかむかした。いったい子供たちに何を教えようとしているんだろうと、怒りが湧いた。「他者」も「意識」も低学年には理解が難しい内容だから怒っているのではない。

これが「友だちの気持ちを考えてみよう」だったらまだわかる。わかるけれど、そうしたところでそれをスローガンにして常に子供たちの目に飛び込ませることの弊害について考えたことがないから、こんなことが平気でできるんだと思った。

胸に手を当ててみればわかるはずだ。友だちも気持ちも概念じゃない。友だちが傷ついたり悲しんだりしていて、「どうしたの？　大丈夫？」と声をかけるのは概念を理解して行うことじゃない。

身近な人、大事な人が悲しんでいるから声をかけるんだ。「心配しているから」と一拍おいてからじゃない。その人が悲しんでいるから手を差し伸べるんだ。だって友だちだから。それを他者や意識という概念に置き換えて実行させようとするとしたら「それを守れないと学習したとは見なさない」という脅しが本当に伝えようとしているメッセージではないか、と感じるのは邪推ではないと思う。

これは「前にならえ」と同じであり、装いを変えた「みんながそれを正しいと言うから守らなくてはいけない」でしかないなと僕は感じる。

みんなはともかく「あなたはそれをどう感じるの？」という、とても素朴な問いかけは、「なぜそう感じるんだろう？」というふうに自分の内側に謎を見出すことになっていく。これはスローガンにならない、それぞれの人の胸に宿る小さな炎だ。「あなた」とは、誰かのことじゃない。最初の問いは自分に向けられている。新しい出合いがあった瞬間、「なんだろう、これ？」と湧き上がる問いが誰しもある。知識と照らし合わせて正解が知りたいという欲求よりも、もっと前にある純粋な自分に対する問いかけだ。

いったい僕はどう感じているんだろうか？　これがあらゆる行動の原点にある。自分が自分らしくあることの出発点だ。そうであるなら、「〇〇しよう」といったスローガンで空間を覆っている様子は、まるでお札を貼っているように見えてこないだろうか。何を封じているかといったら邪《よこしま》な霊ではなく、「あなたはそれをどう感じるの？」という率直で真摯な謎への問いかけではないかと思う。大人は何に怯えているんだろう。おそらく「感じること」だ。

感じることとは「感じようとして感じる」ことじゃない。たとえば、ご飯を食べていて「美味しいな」と感じるとき、特に「感じようとして感じ」てはいないはずだし、そんな不自然なことなら食事を楽しめない。それに誰かが美味しいと言ったから、美味しいと感じたわけじゃない。でも、スローガンは違う。「感じようとして感じる」習慣を僕たちに覚えさせようとしている。そうなると、それは自分ではなく、誰かのように感じることにしかならない。

だって「◯◯しよう」とはあらかじめゴールが決まっていること、正解に向けて行うことが正しいと言っているのだし、つまり感じ方が前もって決まっていることだからだ。それが「他者を意識しよう」というスローガンを意識させることの本当の、そして無自覚に伝達しようとするメッセージなんだと思う。

そうなると、いまの世の中でこれほどまでに自己肯定感が強調されるのは、ひとつのまやかしじゃないかと思う。

それに見落とされがちなことがある。突き詰めれば、肯定感は肯定と似ているけれど、肯定に似た何かでしかないということだ。「肯定感が大事だ」と唱えるとき、そこに「感」という語はついているけれど、実は自分が感じていることを大事にしていないんじゃないか。

ポジティブな発想でいつも感謝の気持ちを大切にしたら、瞑想をしたら、生活習慣を変えたら自己肯定感が高まる。そうやって実際に高まったという人がいるだろう。それは嘘じゃない。でも、それはスローガンの実行でしかないんじゃないか。自己肯定感とは、感じようとして感じたことでしかないんじゃないか。そのとき僕らはまたしても教えられた通りのことに従っているだけなんじゃないか。

自分の感じていることには、本当は誰かの承認は必要ない。当たり前だけど、他人は自分ではないから。自己肯定感という語には「自己」がついているので、一応は「他人の承認は必要ないんだよ」という含みはある。けれど肯定ではなく、「肯定感」という言葉に自分を委ねがちなのは、「感じようとして感じた」遠回りの道を進まないと自信が持てないと思っているからではないか。そんなふうな確認はもうしなくてもいいはずだ。

遠回りしないとは、肯定感の「感」を取ること。とても簡単だ。ただ自分が感じていること、思っていること、考えていることを声に出す。「こんなことを言ったらどう思われるだろう」とみんなや空気を察知してジャッジしたり、遠回りした言い方をしたりすることなく、言葉を口にする。自分の中に湧いた水が流れるままにする。それが肯定だ。

呼吸しているときに「息をしている感じ」はないように。ただ息をする。それはあえて肯定するようなことでもなく、普通のことだ。

つまり自分が自分らしくあるのは、とても普通のことで、それは本当は肯定も否定もしようのないただの事実だ。

否定がもたらすパワー

自分が自分らしくいられないとき、居心地が悪くて、そんな自分をとにかく否定したい気持ちになってしまう。でも、否定したい自分から出発する以外にないし、それが変化をもたらすきっかけを与えてくれるのだと思う。そのことに気づいたことが先日あった。

読んでいた本を置いて時計を見ると、会食の約束まではあと10分ほどだった。カフェで過ごしてじきに30分になる。仕事であれプライベートであれ、僕は待ち合わせの30分前には現地に着いて待つという癖がある。電車の遅れとかがあっても大丈夫なように、という理由を挙げることもできるけれど、とにかく早め早めに行動しないと気持ちに余裕がなくなる。その日もいつも通りに予定は進むはずだった。

カフェから料理店まで歩けばちょうどいい時間だ。そう思って店を出た直後にメッセージが届いた。「20分ほど遅れる見込み。申し訳ないです」。それを読んだ途端、不穏な気持ちになる。心の中に暗雲が立ち込める。

何があっても遅刻を許さない！　という、そこまで頑なな性格ではないと思う。ただ今回のポイントは、約束の10分前になって急に20分遅れることがわかったわけではないだろう、というところだ。なんだったら1時間とかもっと前にわかったはずなのに、どうして直前に言ってきたのか？　その疑心暗鬼が不穏さを怒りへと変えていく。

「了解です」と返信した。「了解です」の背後にはめちゃくちゃ感情と思考が動いていたから、続けて「忙しいんですね」も付けようと思ったけれど、それはやめた。

怒ると、ものすごく冷静に相手の至らなさを数え上げてしまうという嫌なところが僕にはある。会食を終えた後もやっぱりそうで、そういう体力だけはあるから我ながら感心するのだけど。その日も「いかに相手が僕を軽んじたか」についての棚卸しのようなことを帰り道にずっと考えていた。全然楽しくない。でも、「相手がこちらを軽く扱ったからそのような態度を取ったのだ」と思うと、その相手をきっちり否定しないと、うまく息ができないという身体感覚が生じてしまうから、安心するためにそうせざるを得ない。

とはいえ、以前の自己評価のまるで低い頃とちょっと違うのは、「相手が悪い。なぜなら——」と焦りに似た気持ちでダメ出しに精を出すことが僕の全部ではなく、そこに「なんか居心地悪いな」と見ている自分がいるところだ。

この変化は、それなりに自分を肯定できるようになったからだとは思う。いまの自分の感情が僕の気持ちのすべてではない、と自分の中に隔たりがある。いつもだと隔たりはそのままになるのだけど、数日経ったある日、ハッと気づいたことがあって、隔たりに橋がかかった。

きっかけは「居心地の悪い感じ」が続いていたので、その感じをちゃんと観察してみようと思ったことだ。いつもは「相手が悪い。なぜなら――」で行き止まりで、「また同じパターンを繰り返しているな」と嫌悪を募らせて終わりだった。

「居心地が悪い」とか「自己嫌悪」という感覚は、愉快じゃない。だからあまり目を向けたくないところだ。でも、明らかにそれは「そのままにしても行き先は不毛だよ」という警告を僕に与えているのはなんとなくわかる。「なんか嫌だな」という体感を覚えるのは、そこは発展も可能性もない行き止まりだ、と無自覚のうちにわかっていることを自分に示しているんだと思う。

なおのこと葛藤を感じてしまう。そこで僕が見落としていたのは、嫌な感じから脱せない行き止まりに至る道を辿ってきたプロセスだった。つまり、どういう道を僕はやって来たのか、その途中でどういう景色を見てきたのか、についてちゃんと問うたことがなかった。芽生えた心地よくない感覚をちゃんと最後まで味わってはいなかったのだ。

「相手がこちらを軽く扱った」と僕は受け取った。そして、「あれもそうだ。これもそうだ」といかにぞんざいに扱ったかの事実をしつこく数え上げたのは、「僕は悪くない。悪いのは相手だ」を証明するためだ。そう思ってきたけど、実際の風景は違ったみたいだ。

相手がこちらを軽く扱ったと思い、数え上げた証拠は、実は「他人からそのように価値のない人間として扱われて当然だ」という証拠集めだった。僕が懸命にやって来たのは、自分を追い詰めて丹念に傷つけることで、だから真の怒りは自分が自分を不当に扱うことに対して生まれていたのだ。

相手への怒りだと思っていたのは、不当な扱いを偽るための装いだった。自分が本当に怒るべき相手を間違えていた。いわば捻れが生じて、物事が明晰に見えていなかったわけだ。

自分を不当に扱うことに慣れてしまった思考のパターンがありありと見えたとき、なんだか憑《つ》き物が落ちたみたいに感じた。メッセージの返信も「わかりました。気をつけて」とか「店はどっかに行ったりしないから大丈夫です」くらいは、いまなら言えそうな気分だった。

こういう展開は、「自己否定することはよくないよ。だから肯定しましょう。自分をハグしよう」という教訓みたいに受け取られそうではある。確かにやたらと否定するのは、よくないのかもしれない。もっと自分に優しくした方がいいとは思う。でも、だからといって自己否定の期間を過ごすことは悪くもないいんじゃないか。自己否定を否定することなく、ただの現象として見た方がいいのかもしれない。

というのも、僕みたいに他人を否定しているつもりで、実は自分をめちゃくちゃ否定していて、それで嫌悪感を募らせ壁にぶち当たって生きづらく感じている人はたくさんいると思う。そういう人に「否定しないで肯定しなさい」と言っても、わかってはいるけどやめられない状態だから、あまり意味がない。「肯定しなさい」をスローガンにして唱えても現実は変わらない。

ともかく否定しているからこそ至れる道があったということが大事なんじゃないか。全力で否定をやり切るからこそ見えてくる次の展開があるとしたら、結果として否定に良いも悪いもないなと思う。

「いや、それはおまえの個人的な経験だろう」と言う人がいたら、「そうだよ」と言うし、「でも違うんだよ」とも言いたい。僕はこのやり方で成功したからそうやりなよ、と言いたいんじゃない。

他人がどう言おうが自己否定に熱心に取り組んでいるとしたら、「それだけのエネルギーが自分にはあるんだ」ということに注目したらどうだろう。

素直に自分を認められたらそれはいちばんいいのかもしれない。大事なのは、現状の自分がそういう素直さから遠いのだとしても、それはそれで尊重することじゃないか。そうしたら他人を羨むこともなく、素直に自分はダメだと思えるし、無能でもなんでも言えばいい。

ここで想像して欲しいのだけど、どれだけ自分を否定し、無価値だと思っていても、他人から「そうだね。本当に君の言う通りだ。無能だし、価値がないよね」と同意されたら、ちょっとムッとしないだろうか。「そんなことないよ」とちょっとは自分の言動を否定されるのを相手に期待してはいなかっただろうか。「いや、そうだよなって納得するよ」と言う人でも、やっぱりほんの少し傷つくような感覚はあるんじゃないか。

どこかで自分を否定し切れない思いがあるということだろう。それは「プライド」という抽象的なものじゃなくて、ここに自分がいて、生きているということに懸けるエネルギーがあるということなんだと思う。自分を否定しているつもりでも、それが裏返る瞬間が必ずある。素直ではないけれど、捻れながらも肯定に向かう道筋がちゃんとある。

相手が「あなたには価値がない」と言ったとしても、最後は受け入れないで否定する。それは他者を否定することが自分を肯定する道につながっていることを意味している。ここでの他者の否定は、この節の冒頭に僕の述べたようなものとは違って純粋な否定だ。

たとえば、僕がいま部屋でも路上でもいいけれど、この場に立っているとして、ここに立っているのは僕以外にいないわけだ。他の人が僕と同じ位置に立つことはできない。つまり、僕が「自分がここに立っていること」を認めるとき、必ず誰かを否定することになる。でも、これは罪悪感を抱くような否定ではない。だって、同じ空間をふたりが占めることはできないから。

自分が自分であるとは、他人を否定することと対の関係だ。逆に他の誰かがある場所で立っていることを肯定するとき、僕はその位置を占められないから、僕はその人を肯定し、自分を否定していることになる。この否定は「そこに僕は立てない」という事実でしかないから嫌悪感は生じない。軽さすらある。

もしかしたら僕らは肯定や否定に思い入れが強すぎて、こういう軽さがあるものとして捉える習慣がないんじゃないか。やっぱり思い入れには重さが生じてしまうし、思いの深さは一歩進む足取りを鈍らせたりする。反対に軽さは前進する力になる。軽いことが結果として大きな働きを生む。

一足飛びにその境地には行けないのであれば、ちゃんと自己否定の思い入れをたっぷり味わい、自分の重さ鈍さを存分に味わう。そこで重さと鈍さが何かをちゃんと体験したら、手放すこともしやすい。そうじゃない状態の軽さが明らかにわかるから。

自己否定という強い重力が発生するとき、その重さに引かれながらも、「ここに自分がいて、生きている」という、まったく揺るがせにできない事実があることは忘れないでいたいなと思う。

コンセプトという衣服を脱ぐ

自分を肯定するとは、ときに社会の期待からはずれることでもあるんじゃないかと思う。そのことを考える上で、引き合いに出したいのは数年前、関西の私立大学附属の中等部で出張授業を行った際のことだ。道徳の授業の一環として、1年生と2年生を対象に「ソーシャルインクルージョンについて話をして欲しい」という依頼があったのだ。

英語のままでも、あるいは「社会的包摂」と訳されても、にわかにはストンと腹落ちしない。その学校は関西弁でいうところの「ええとこの子」が行くようなところだし、知的向上心の高さに合わせて、世界的なトレンドに合わせた内容を教えているようだった。

実際、教室に入ると利発そうでシュッとした顔だちをした子が並んでいた。僕が授業を行う前の週に、すでにソーシャルインクルージョンについてのあらましは勉強していたらしく、そこで「ソーシャルインクルージョンってなんですか?」と改めて聞くと、ひとりの生徒が「社会的包摂です」と答えた。

つい数ヶ月前まで小学生だったはずの彼は、全体としておろしたてみたいな、ピカピカした感じでいた。続けて「包摂ってどういうことですか？」と尋ねた。しばらく間を置いて「わからないです」と彼は答えた。すごく正直だった。授業でソーシャルインクルージョンが社会的包摂だという意味は理解したけれど、その包摂とは何かが体感としてわからないのだろうなと思った。

他の生徒に授業ではどういうことを通じてソーシャルインクルージョンについて習ったのですか？　と聞くと、タブレットで項目をいくつか結び合わせたり選択することで学んだと教えてくれた。「車いす」「段差」「レストラン」などの条件をそれぞれどう結びつければ、「ソーシャルインクルージョンが達成されるのか」を学んだのだという。車いすを使っている人が段差のあるレストランを利用していたら手伝うといったように。僕は、話を聞いて気になったことを教室にいる生徒みんなに言ってみた。

「みなさんが授業で学んだ内容は、確かにソーシャルインクルージョンについてのことです。でも、どうしてみなさんは最初から支援する側に立って考えているんでしょうね」

そう尋ねると、「そういえばそうだ」という顔をした子もいれば、「それの何が問題なんだろう？」という表情を浮かべた子もいたりとさまざまだった。

誰も排除しない。誰ひとり取り残さない。社会的包摂とは、そういう状態を実現しようとする理念だ。それが実装された社会の到来を待ち望んでいる人たちが日本でも数え切れないほどいる。

たとえば、給食だけが頼りで満足いく食事を取れない子供たちがまだまだたくさんいるという。貧困や病気など困りごとを抱えていながら、誰からも助けられない状態が続くと、その人たちは「社会からいないと見なされている」と思ってしまうし、そんなふうに無視されていたら、生きていくことに何の希望も抱けない。そのまま放置していたら社会とのつながりも持てなくて破れかぶれになってしまうかもしれないし、いつかこの社会から脱落してしまうだろう。社会の底が抜けてしまわないように、誰もがこの社会で安心して生きていける状態にする。それが社会的包摂だ。


この学校にいる子供たちの多くは裕福な家庭に育っているし、学校の教育理念も社会をより良くすることに携わる人間を育てることにあるから、当然ながら困りごとの渦中にいる人としてではなく、支援する側にいることが彼らの多くの初期設定だろう。

もちろん彼らだって自ら選んだ家庭環境でもないのだから、それが悪いと言いたいのではない。ただ支援する側と支援される側では、見える景色が全然違うことを知っておいた方がいいと思う。その方が寛容だとかヒューマニズムにかなっているとかではなく、実践するなら最低でもふたつの見方を行き来することは必要だからだ。そうでないと人それぞれのわけあっての暮らしの立ち行かなさを「自己責任」に押し付ければいいといった、平板なものの見方を疑うこともなくなってしまう。

仮に授業では、包摂について概念的な理解をした上でうまい解決策を提案できたとしても、生身の人間を目の前にしたらまるで役立たないことだって起きるだろう。相手は、支援者の期待する通りの像を生きていないのだから。

たとえば「支援すればそれに応えてくれるはず」という無邪気な期待をもとに困難にあえいでいる人を捉えるとき、知らず知らずのうちに相手を自分の抱いている人間像、つまり「そうあるべき」というコンセプトと照らし合わせているはずだ。それは無自覚のうちに、社会に参加するに相応しい条件を相手に設定していることになってはいないだろうか。

社会的包摂は素晴らしい理念かもしれない。だけど別の視点から見ればけっこう怖い。というのも、「誰ひとり取り残さない」という包摂は完全管理と裏腹だからだ。それをわかっておかないと、生身の人間を「そうあるべき」というコンセプトと照らし合わせて相応しいか相応しくないかジャッジすることにおかしさを覚えなくなる。あるいは生きている人間をコンセプトに近づけようとする、というとんでもない努力を始めてしまう。

「人間をコンセプトと照らし合わせてジャッジする」とは、支援側が「困っている人」としてカウントできる人だけを条件づけで支援しているかもしれない状態だ。こうした姿勢は、「人間をコンセプトに近づけようとする」にも及んでいるだろう。社会に順応して生きてきた人の「普通の感覚」や常識、価値観に沿った場合にのみ、社会の一員として認める。そんなことも起きかねないと思うと、僕はひと頃、盛んに聞いた「ノーマライゼーション」のかけ声を思い出す。

これは障害者も健常者と同等に暮らしていける社会をノーマルにしようという発想だ。一見よさそうな理念だ。でも、よくよく見ると、あくまで健常者にとってのノーマルではなかったろうかと思う。それなら障害者を健常者のレベルに引き上げることにしかならないだろう。健常者のように働いて、ものを買うといった生活がノーマルなら、誰もが働くことがいいことだと当然思うだろう。

大事な問いかけを忘れている。そのノーマルさは果たして幸福につながるんだろうか。健常者がノーマルだとしている暮らしで年間の自殺者が2万から3万の間を推移したり、働いて鬱になっている人がこんなにたくさんいるのに、このノーマルさは幸福な世界の実現になるんだろうか。まして健常者が設定したノーマルに向けて努力しないと認められない、肯定されないのなら、それはアブノーマルではないのか。

社会的包摂であれノーマライゼーションであれ、いくら社会を良くするという考えであっても、それがどの立ち位置で誰によって発想されたのか？　を考えないままだと、非常に危ない。「素晴らしい理念だ」と手放しに共感しているだけで済まないのは、包摂は決して逸脱を許さない、完全管理社会の達成に知らない間に加担しているかもしれないからだ。そこでは個人が個人である必要はなくて、ただ社会が認める理念を身につけているかどうかだけが問われるだろう。実際のところ生活のいろんな場で、理念を体現していないと社会的に許されない、認められない世の中になりつつある。

公園でボールを蹴ってはいけない。大きな声でしゃべってはいけない。バスが止まるまで立たないでください。なぜならみんなの迷惑になるから。さりげない言い方でさまざまな「そうあるべき」というコンセプトが伝達されている。

気持ちよく過ごすには、必要なルールもあるだろう。でも、ボールをいつだって蹴ってはいけないのではなく、蹴っていいときもあるはずだと僕は思う。それがいつなのかは、ルールには書かれていない。それはひそひそ声や目配せでわかることだ。相手の目を捉えて、そうだとわかるとき、社会はルールで成り立っているのだという硬いコンセプトをただ守っているだけではわからない裂け目が見えるはずだ。

大きな声でしゃべって周りをハッピーな気持ちにさせる人がいることを忘れたくない。バスが止まるまで几帳面に待っていたら、隣の人が困っているのを指を咥《くわ》えて傍観することになるなら、僕は立ち上がりたい。違う動きをするから、社会のルールに則らないから、誰かの助けになることも大いにある。

いま起きていることにちゃんと応じる身体でいること。ボールを蹴るという行為を異なる景色として見る必要があって、それを僕は共感と呼びたい。共感は「うんうん、わかる」の連呼だけではない。互いの違いが明らかにわかることもまた共感なのだ。

僕はあなたではないから、どれだけきつく抱き合ってもひとつにはならない。違いがあるから相手を知りたい、わかりたいと思うのであって、わかった結果が常に同意に至るとは限らない。互いに違う人間である僕やあなたが、それでもこうしてここにいること。目の前にいるあなたを「あなた」として迎えるとは、肯定するとは、僕にとってどういうことなのか。共感とは、共感できなさを知るための手掛かりでしかなくて、だからいつも自分の力量が問われてくる。共感できないから排除するのか。共感できないから、共感できるレベルになるよう、僕があなたの感性を捻じ曲げるのか。

　僕にとって理解できないことをする人がいたとしても、その人を排除する権利などない。権利なんていうコンセプトを持ち出すのが本当はおかしいのは、生きていることそれ自体にコンセプトなど必要ないから。

　コンセプトを脱いだとき、自分の素が少し見えてくる。それは社会の価値観と合うとか合わないとか考える必要のない姿で、普段の社会性のある自分からしたら共感できないかもしれない。だからこそ違いを受け入れてみる。

　社会を生きる自分と、そうではない自分との違いが見えてきたとき、その違いこそがどうしようもなく自分らしい存在で否応なく肯定するしかない姿なんじゃないか。

第五章

私たちが自分自身であるとき何が起きるのか

閉じるべきときと開くべきときがわかる

数年前、お試し町家という制度を利用して、岐阜県の郡上八幡《ぐじょうはちまん》に1ヶ月半住んだことがある。郡上といえば、水が豊かなのと400年以上にわたり踊り継がれている「郡上おどり」で有名な町だ。できれば住みたいと思っていたところに、10年以上前に郡上へ越してきたIさんの知己《ちき》を得たおかげで、いい感じの2階建ての長屋の大家さんを紹介してもらった。

路地を曲がると通りを挟んで長屋が向かい合っていくつか並んでいて、そのうちのひとつを内覧させてもらった。いまどきの暮らしに合うように適度にリノベーションされていたから、わりと気に入ったのだけど、見終えた直後に大家さんが僕とIさんに向かってこう言った。

「このあたりの申し合わせで、家族持ちにしか貸さないことにしている」

すかさず「じゃあ、僕は独り身だからダメですね」と返した。「なんだよー、最初からそう言ってよ」というのは全然なくて、「あ、そうなんだ?」って感じでなんの気なく口にした。そしたら大家さんはふと間を置いて「あんたがここに住んで、誰か連れこみゃあええ」と言ったものだから、ちょっと吹き出してしまった。

「連れこむって言葉も久しぶりに聞いたな」なんて思っていたら、唐突に「あんたええ男じゃ」と言うと「あんたが幸せならそれでええ」となって、終いには「畑も余っとるでやりたいなら貸すぞ」と笑顔で言ったものだから、僕も釣られて笑ってしまった。しばらく言葉は互いになくて、それでいてなんだか爽やかな風が身体を通り抜けていく感じがした。

ひとり者には「貸さない」という大家さん自身の発言をわずか数分のうちに打ち消すようにして話は移ろっていった。郡上は山あいの町で、晴れたと思ったら雨が降ってまた晴れたりする。洗濯物を干すと難儀する。なんだか天気みたいな話の成り行きだった。

僕が急に家族持ちになったわけでもないから、この界隈の不文律を相変わらず満たしていない。僕は何も変わっていないのに何かが変わった。大家さんと別れてから、このやり取りってなんだろうと考えていたら、不意に「コミュニケーションって閉じっぱなしでも開きっぱなしでもなく、閉じることと開くことは並び立つんだな。それって自分次第かも」と気づいた。

　不文律のような申し合わせは、外から来た立場からすると自分のあずかり知らないルールで物事が決められているから、排他的だと感じる。閉鎖的で狭量で古い田舎の感性ってやつだ。異議申し立てをすると「郷にいれば郷に従え」という言葉が返って来るんだろうなという想像までしてしまう。

　既存のメンバーにしか通じないルールに従ってやり取りするのではなく、誰に対しても公平であるべき。それが正しい関係性のあり方だ。コミュニケーションもそうだし、サービスについてもそう。なんにせよ開かれた姿であるべきと考えるのがいまや常識だろう。それが民主主義だし。

　おもしろいのは、僕の体験したことは完全な排除でもないし、受容でもないことだ。いつ閉じて、いつ開かれるかもわからない。ただ、よそ者をいつも締め出しているわけでもないのは、現に「あんたが幸せだったらええ」というふうに開かれたことからもわかる。それは僕だったから開かれた扉なのかもしれない。そうでないのかもしれない。

　そういう不確定なコミュニケーションのあり方に耐えられないメンタリティの持ち主は増えているんじゃないか。明文化されないと確認も取れない。そもそも「ええ男」って何だ？

となったら、イケメンでないのは確かだ。

そんな曖昧な条件の「ええ男」枠に入れない人は貸してもらえないってこと？　人によってルールが変わるなんて不公平の極みじゃないか！　と憤慨する人もいるだろうなと思う。

でも、そうやってスラスラと淀みなく語れてしまうところが、現代風の正しさを求め、それを伝達することを重んじるコミュニケーションのひとつの特徴なんだと思う。正しく伝え合うことが目的ならば、ずれがあったら修正するのが正しいことになる。


僕は大家さんと知り合ってせいぜい10分程度の関わりで、ずれたままで関係を結ぶことのおもしろさを味わった。僕は相手にあからさまに気に入られる振る舞いをしていない。「貸さない」に対して「そこをなんとかー」と下手に出もしなかった。「貸さない」というのだから、「ああそうなんですね」と何のこだわりもなく答えた。

もしかしたら、大家さんはその態度を気に入ったのかもしれない。「どうして前もって言わないんだ」とか「差別だ！」「だから田舎は！」といった、なんらかの意図や思惑といった湿っぽい感情を間に一拍挟んでの「ああそうなんですね」だったら結果は違ったのかもしれない。Iさんという地元の人の信頼を得ている人と知り合いだというのも大きいかもしれない。でも、本当のところはわからない。

唯一わかるのは、そのときの僕は大家さんに合わせる気はまるでなくて、自分の感覚に忠実だったことだ。相手の価値観をどうこうするつもりはないし、かと言って僕の考えを変える気もない。リアクションしないがレスポンスはある。迎合しないし自分を譲りもしない。

つまり、自分が自分でいただけ。もしかしたら、人は「自分らしくある」という背伸びをすることもなく、ただ自分でいたときにだけ開かれる扉というのがあるのかもしれない。そのときに初めて自分とはまるで異なる他人という存在との間に切実なつながりが生じるのかもしれない。ずれを正そうと思わないで、ずれたままやり取りすることがもしかしたら、相手がいつもなら信じている考えや規範にしているルールを揺らがせるのかもしれない。

これらはどれも確かめようがない。再現性がなくて一回性のことだから。というのも、僕と同じセリフを他の人が言ったら毎回大家さんの態度が必ずそうなるわけではないだろう。互いにそのときそうだったからそうなった。二度はない出来事だ。

そんな手応えのない曖昧なことにコミュニケーションを委ねてしまっていいのか？　と不安になる前に思い返して欲しい。人と人との出会いの喜びは、決して繰り返されないところにあるはずだということを。他の人と取り替えが利かない自分と目の前のあなたがここにいたからこそ起きたことであり、そして過ぎていった。そこにかけがえのなさと醍醐味があるはず。

案内してくれたIさんとも別れて散歩する。町中を吉田川が流れていて、橋から眺めると底が見えるくらい川は澄んだ色をしている。地元では子供らが橋から川に飛び込むのが夏の風物詩だという。きっと快哉《かいさい》を叫んで飛び込むのだろうと思い、欄干から首を突き出して真下を覗き込むと川面まで12メートルくらいの高さがある。けっこう怖い。

観光客が飛び込んで亡くなる事件がかつて何度か起きたそうで、橋の中央にこういう看板が出ていた。

「この橋からの飛び込みで重大な事故が発生しています。不慣れな方等の無謀な飛び込みは厳に自粛されるよう警告します」

読み上げながら思う。これもやっぱり開いているけど閉じているなぁと。禁止という排除はしない。でも、誰かれ構わずやっていいわけでもない。やっていい条件は？　それは「自分に尋ねよ」と言っている。胸の内に尋ねても正解はわからない。ただ感覚的に「自分はできそうかどうか」がわかるだけだ。

よく考えると、日常の中で「私、大丈夫でしょうか?」と他人に聞いて確認を取ることを不思議に思わなくなっている。たとえば病院でもそうだ。自分の身体のことなのに相手に尋ねるのは、本当はよく考えたら変なことだ。相手に聞く前に自分が何を感じているのかをわかるようになる必要があるんじゃないか。

「あんたが幸せならそれでええ」
「無謀な飛び込みは厳に自粛されるよう」

この町で耳にし、目にしたことはなんだかどれも開いていて閉じている。それが心地いいなと感じる。コミュニケーションを伝達レベルではなく、生きること存在すること、僕が僕としていることと、あなたがあなたとして、こうしてここにいること、僕が目の前にいるあなたをあなたとして捉えるとは、どういうことなのか。一方的に排除するのでも受け入れるのでもなく、互いに何者であるかを明かしたときに、開いたり閉じたり、握手したりすれ違ったりが起きる。それが人が生きることであり、関わりというものでしょう? と小難しい理屈ではなく、平易な日常使いの言葉で、しかもそんなつもりもなく語りかけてくる。

感覚的に閉じるとき。それはとても自分本位のモードになる。その反面、必要以上に社会とつながっていたことで自覚なしにしゃべっていたことをいったん保留できるようになる。滑らかに語れてしまっていた自己否定や自己嫌悪の言葉や他者評価を欲しがる気持ち。それらが自分にとって何をもたらしていたのか。どういう感じがするのかを見届けられる。

本当は嫌だったのに、人の目を気にしてやっていたのなら、社会に対しては開かれていたかもしれないけれど、自分の感覚を排除していたことになる。外部からの刺激を受けることをいったん閉じて、注目を自分に向けないと、自分が自分を無視していたことも感じられない。

感覚的に開くとき。相手に自分の評価を委ねないで、ただ自分でいられるようになる。相手あっての自分ではなく、まず自分から始めるという能動性が大事だとわかってくる。

僕らは「自信を持つ」という言い回しを疑わない。でも、「自らを信じることを持つ」とは奇妙な表現だ。自信を所有できるものとした発想は「あれもできるし、これもできるから大丈夫」と言い聞かせていることと同じで、それで自信を得たのなら、それと同じだけの不安が生じるだろう。「もしもできなかったらどうしよう」と疑念が湧いてくるからだ。自らを信じることに根拠はいらない。もし根拠があるとしたら、自分が自分でいることだけだ。

自立に向けた状態

「自分が自分でいる」というのは思想や精神の話ではなく、身体のことだと思う。それも他人のではなく自分の身体。そうなると「自分が自分でいる」とは、誰かの言った言葉を頼りにして「自分らしくいていいんだな」と安心することではなくて、自分の力で体得できることでしかないんだと思う。

つまり「自分が自分でいる」ことは、いつか実現したらいいなというような理想ではなくて、常にいまの自分に立ち返ることでしかないんじゃないか。そこに努力とか克服は必要だろうか。

1章で述べた通り、ここ数年「聞くこと、話すこと」というテーマでコミュニケーションについて体感、体得していく講座を行っている。

コミュニケーション能力の向上といえば、共感に基づいた傾聴をテクニカルに捉え、それをロールプレイングなんかで習得する内容が主流だけど、僕の講座ではそういうのはなくて、最初に「立つ」姿勢を取り上げている。

コミュニケーションと「自分が自分でいること」と立つ姿勢には関係があると、僕は経験からそう思っている。「自分が自分でいること」というのは、言い換えたら自立になるだろう。

自立と聞くと、精神的自立や経済的自立を連想して「自分をしっかり持つ」とか「ちゃんと稼げるようにならなきゃ」といった方向にすぐさま考えが向かってしまう人も多いと思う。

そうやっていろいろ思い浮かべることもいいけれど、原点の自立は「自ら（の足で）立つ」という体験と体感あってのことなのだから、地に足つけるという原初的な感覚から考えた方がいいんじゃないか。

何か不安や心配事が起きたとき。たとえば相手の話に引っ張られたり、何を話しているのかわからなくなるとき、頭の中は不安でいっぱいになる。この先に何が起きるかわからない、という見通しの利かなさや過去に起きた失敗が頭をよぎり、最悪のことが起きるんじゃないか？　という想像がどんどん膨らんで、そこに自分のほとんどを投入するようになる。

未来と過去にものすごくエネルギーを割いているのだけど、すっかり忘れているのは「いまここ」に注目することだ。まだ起きてもいないことを想像して必要以上の不安に襲われるのは仕方ないとしても、身体として「いま自分が足をつけているのはどこだ？」という問いがあれば、不安に完全に乗っ取られることはなくなるはずだ。

コミュニケーションと姿勢に深い関わりがあるのは、足腰のしっかりした姿勢があれば、自分の膨らませた不安やネガティブな考えに自分がやられてしまうことはなくて、緊張するような状況であったとしても、自分なりに振る舞える余裕をもたらすからだ。

そのためにも現状の自分はどうなっているのか？　を知る必要があるから、僕の講座では、まず自分が普段はどういう立ち方をしているのかをペアになって検証してもらう。前後左右に軽く押したりするのだけど、人によっては自分の姿勢を保ったり、圧に対して抵抗することが実感としてわからない人がいて、押されるがままにバランスを崩す人もいる。

かと思えば、軽く押している以上の力で押し返そうと力んでしまって、かえって不安定になる人もいる。そうやって「自分が自分でいる」とはどういうことなのか？　を体感してもらっている。

「話を丁寧に聴く姿勢は、相手に『あなたに注目しています』という言外のメッセージを与え、安心させる」といった説明はよく目にするけれど、その姿勢がどういうものかを体感から説いている人はあまりいないようだ。

姿勢についてこれまでどういうことを言われてきたかな？　と記憶を探ると、僕がまず思い出すのは、小学校に入学したての頃だ。教師から「ちゃんと」「きちんと」した姿勢とは背筋を真っ直ぐに伸ばした状態で、全体的にピシッとした印象を与えるものだと教わった。いわゆる「気をつけ」の姿勢だ。しかも「座っていても保たないといけない」と言って、授業中に長い定規を背中に入れられて、それに沿うように言われた。ものすごく窮屈に感じたのを覚えている。大人たちは、きちんとした姿勢が物事を正しく理解する上で欠かせないと思っていたのかもしれない。

教育って怖いなと思うのは、教えられたことが拘束感をもたらすから、そこに体感として反発したとしても、知らないうちにそれが呪縛になってしまうことだ。立つ、座るといった何気ない所作を真っ直ぐに揃えるように言われたことが、僕の中で「ちゃんときちんと正しくあらねばいけない」みたいに考えてしまう癖を形づくるひとつの経験として刻まれてしまったようだ。

もちろん小学校のときの出来事が僕のすべてを決定づけたわけではないにしても、何かの折に「ちゃんとできているかな」と不安になって確かめようとするとき、「正しく、きちんと、ちゃんと」を当てにするのは、その頃の記憶がけっこう響いているんじゃないかと思う。人それぞれ過去を振り返ると、そういう身についた癖の原点みたいなのがあると思う。

そのせいで後遺症とまでは言わないけれど影響があって、つい最近まで膝とか腰がぐらつく感じがして、すごく悩まされていた。ちゃんとしているはずなのに安定しない。そうしてぐらつく感覚があるということは、常に不安な状態だということだ。

想像してもらいたいのだけど、いつも「どうしよう」という小さな不安を自分の内に感じているわけで、要は自分が自分でいられない。以前の僕はちゃんと話そうとしても、不安がすぐに追いついてしまって何も言えなくなってしまうことが多々あったけれど、そういうのは精神的な問題ではなくて、内的には不安定な感覚で満たされた姿勢がもたらすことじゃないかと思う。

じゃあ「自分が自分でいられる」姿勢とは何なのか？　だ。姿勢というのは「姿」と「勢」のふたつの文字の組み合わせから成り立っている。「姿」は「シュッとしている」とか「ピシッとした」とか見た目のことだということはすぐにわかるだろう。「勢」の方は何を意味しているかといったら、見た目ではわからない、その人の内側の状態だ。

姿はきちんと整った感じでいても、自分の内側の勢いがヘナヘナと萎《しお》れて、不安に彩られていたとしたら、それはちゃんとした姿勢とは言えないはずだ。

であれば、「相手の話を真摯に聞くぞ」と思っていたとしても、知らない間に真摯さを「正しく、きちんと、ちゃんと」と頭の中で変換していたら、ものすごくバランスの取れない不安しか感じられない姿勢で聞くことになる。

僕たちは家庭や学校で「正しく、きちんと、ちゃんと」といった、真面目さについてたくさん教わってきた。その具現化が「気をつけ」の姿勢だとしたら、実際その通りに立つと身体は不安定に、心は不安になる。僕はここ最近ようやく少しは安定して立てるようになってきたのだけど、そうなったのは誰かに教わったやり方を生真面目に身につけようと努力したというよりは、自分に一つひとつ尋ねて、自分がどういう状態なのかを自問自答していったからだ。頭ごなしに正しいことを実行させようとするのは、自分の中で意思疎通がうまくできていないのと同じだから、それはやめることにした。

「気をつけ」の姿勢は膝も肘も真っ直ぐになり、背筋を伸ばせば胸が突き出て、肩は上がる。頭では言われた通りの正しいことを実行しているし、その満足感はあるかもしれない。でも、これを体感として味わうと緊張、不安定、拘束でしかない。それは心地よくない。そう感じていることに素直になる。違和感を抱くような嫌なことはしない。そうなると膝を軽く曲げた方がいいし、腰は少し落とした方が楽だ。胸は張ることなく寛《くつろ》がせた方がよい、と自然とわかってくる。特別な努力はいらない。これらは「だらけている」だの「真面目にやれ」だのと言われかねないものだけど、そういう外部の声はもはやどうでもよくて、自分の感覚に尋ねて判断すればいいんだなと思う。大人なんだし。

考えてみれば切ないのは、すぐにバランスを崩すような、自立が奪われた「気をつけ」の姿勢が正しいと教えられ、真面目に学んでしまったことだ。自分が感覚的に安定し、安心できる状態よりも教師が指示し、伝達し、命令してくる「正しく、きちんと、ちゃんと」に合わせることで自立を失ってきた。もうそういうのはやめにしよう。その真面目さが僕らから自信を奪ってきたのだから。

自信がないと余裕がなくなるから当然ながら焦る。そうなると状況をなんとかコントロールしようという作為だって考えついてしまう。だけど、コミュニケーションがフェアであるには、相手をコントロールしてやろうとかなんらかの意図なく、ただ「自分が自分でいる」必要があるだろう。それには焦っていては無理だし、落ち着かないといけない。

焦りとは心の中が掻き乱された状態だ。緊張した場面では、「早くなんとかしなければ」と誰しも焦ってしまう。でも、そういうときこそ「自分が自分でいる」ことが大事だなと思う。さっきも言ったように、それはいつか実現する素晴らしい理想の僕じゃない。「ああ、いまの自分は焦っているな」というのを受け入れることも「自分が自分でいる」ことだ。どんな自分であってもいいんだと認めることしかできない。

というより、それができたら十分だ。完全な自立があって、それを理想にするのではなくて、自立を目指している状態があると思った方が気が楽でいられるんじゃないか。

泥水もしばらく置いていたら水と泥に分かれるように、焦りを受け入れたら、自然と落ち着いて静かになる。そしたら自分が感じていることが何か？　が次第にちゃんとわかるようになる。それが自分が自分に対してフェアに接することになるんだと思う。

「自分が自分でいる」上でこれが大事なのは、真摯なコミュニケーションを願うならば、感覚による把握がなければ何も始まらないからだ。

感じたことがあって、それが思いになって考えになっていく。これが誰かの考えをなぞることなく、自分の言葉の通り道になっていく。自分の言葉で語りかけることほど誠実なものもないだろう。たとえ拙い語り口であっても、そんなことをすっ飛ばして、その思いは届くし、それをちゃんと受け止めるくらいの感受性を僕らは互いに持っている。

時間を緩める

自立というのは、自分に「集注」することでもたらされる。集注とは、身体への注目であり、感覚で把握することだ。ところで僕らが慣れているのは「集中」の方で、これはオフィスでパソコンに向かうであるとか、会議である問題について考えているだとか一点に意識を向ける状態だ。いわば頭で行うもの。

いまはなにしろ意識に重きを置く世の中なので、誰しも集中には慣れているだけに集注がわかりづらい。意識的に物事を認識することが「わかる」ことだと思っているから、身体感覚で把握するわかり方になじみが薄いのも仕方ない。

だから自分を省みることにも誤解が生じる。僕もかつてそうだったけれど、ともかく滑らかに話すことがいいという考えに取り憑かれて焦ってしまうと、自分が何を言いたいのか迷子になってしまう。そういうときに「考えが足りない」とか「語彙が少ない」と自分をきちんと認識して大いに反省するのだけど、実際は何をやっているかというと、とにかく自分を責めることに熱心になっているだけだったりする。挙げ句の果てには「集中力」が足りないから、それをつけたらいいんだ！　みたいな力への信奉、根性論に流れていくことも少なくない。

実情はもっと単純じゃないか。感じることをスキップして、自分以外の誰かのいい感じの考えをうまく話そうとしてつまずいてしまっていることが案外多いと思う。誰かのことは気にかけなくてもいいので、それよりも自分をちゃんと感じて、自分に眼を向けること。つまり集注が先決だ。

ここでの「ちゃんと」というのは正しさとか真面目さと関係ないので、「集注？　難しそうだな」としかめっつらで臨まなくてもいい。何よりリラックスするのがいちばんだ。というのも、ただゆったりとした気持ちで丁寧に味わえばいいだけだから。難しいことじゃない。食事と一緒で、がっついて食べたら味なんてわからない。ゆっくり味わうという時間をかけさえすればいい。つまり待つことができるかどうか。単純だけど、けっこう大事なことだ。

ゆっくり堪能するには、自分の内面の時間もゆっくりと進ませる。緩ませると不思議なくらい、自分が習慣的に培ってきたことと自分自身との違いが観えてくる。

僕の講座に参加した人の中には、「話を聞くのが苦手」とか「話をきちんと聞けない」と思って悩んでいる人がそれなりにいる。そういう人は、これまでさんざん「なぜ聞けないんだろう？」と自分なりに考えてはきている。そう問うて真面目に考えると「心が狭いから」とか「承認欲求があるから」といった原因めいたものには行き着くけれど、それが答えにはならないと感じて、結局は「私ってダメだな」といった、いつも通りの結論に至ってしまう。

そういう人に、「なぜ聞けないんだろう？」と考えているとき、知らないうちに自分自身を問い詰めていることになってないですか？　と僕は尋ねる。いわば胸ぐらをつかむようにして答えを出そうとしている。それって自分に対してフェアな態度だろうか。

自分の中に「話を聞けない人」がいるわけだ。その人にはそうなるだけの理由と必然性があるんだと思う。そうであれば、なぜ？　どうして？　と問い詰めても余計に萎縮するだけじゃないか。「なぜできないんだ！」と責めることに正当性があると思っているかもしれない。でも、できない人をできないという理由で責めるのは、相手に屈辱しか与えないから、互いにあまりいい結果をもたらさない。なるべくやらない方がいいと思う。

むしろ、取り組むべきは、自分の内面の時間を緩ませることで、それが自分を受け入れ許すことになる。それは自分の中にいるもうひとりの自分である「話を聞けない人」の言い分をちゃんと聞くことでもあるはずだ。その人だって「聞けないこと」で困っているかもしれない。

僕らは目の前に困っている人がいたら「なんで困っているんだ？　理由を説明しろ」と詰問するだろうか？　そうじゃないはずだ。「どうしました？」「大丈夫ですか？」と声をかけ、手を差し出すだろう。どうしてそれを自分に対してはしないんだろう。

自分の中にいる自分という名の他者を問い詰めるのでも咎《とが》めるのでもなく、「どうしました？」「大丈夫ですか？」と声をかける。このプロセスを自分との対話と僕は呼びたい。答えを求めるのではなくただ尋ねる。それはあなたのことが知りたいから。その「あなた」とは自分のことだ。

ずっと自分が生きてきたのと同じ年数を共に過ごしながら、自分の中にいるその人のことを無視して、その声を聞いてこなかった。耳を塞いできた。ネグレクトと言っていいと思う。自分が自分を無自覚に虐待していたと気づいたら誰だって震え上がる。それだけに声をかけるのは怖いだろう。どういう反応があるかわからない。きっと怒っているだろう。恨みがましい目で見られるかもしれない。

でも、自分の身に置き換えて考えたとき、長年無視されてきたから「何をいまさら！」という怒りや悲しみはあってもやっぱりわかろうとしてくれる人がいたら嬉しいはずだ。

だから、すぐには口を開いてはくれなかったとしても、自分に注意を向けてくれる存在がいると安心できるのは感覚的にわかると思う。その感覚で自分の内面を観ていくと、どんどん解像度が上がっていくし、描写が細かくなっていく。

比べて「なんでできないんだ！」と問いただす口調では、いつまで経っても「話がうまく聞けない」という大雑把な理解しかできないだろう。ゆっくりと自分を観ていくと、いつも「聞けない」のではなく「聞けなくなるときがある」というのもわかってくる。そうしたら「じゃあどういうときに聞けなくなるだろう？」という問いが次に生まれる。観察が深くなってくる。これが自分の中にいる「聞けない人」との対話で生じてくることだ。聞けなくなるのは、ジャッジすることと関わってくるかもしれない。

自分の中に善悪正誤へのこだわりがあって、自分の価値観に反する人の話は最後まで聞けず、「でも・結局・要は・つまり・そうは言っても・普通は・だって」と言って遮ってしまう。やってしまった後に「まただ」と後悔し、罪悪感を募らせて「私はダメだ。」「なんて不寛容なんだ。」と句点で終わらせるのがいままでだった。だったら、これからは、そういうふうに話を遮ってしまう人との対話を続けよう。「人の話を最後まで聞くわけにはいかない人」が自分の中にいるのだから。

その善悪正誤のこだわりはいつから持ち始めたの？　と尋ねたら、幼い頃に始まったのかもしれない。こだわりが自分の感受性だと思っているけれど、それが発揮されるとき、のびのびしているかといったらそうでもない。その基準へのこだわりがあるからきついというのも感じられる。

きつい思いをしている自分を「いつまで経っても変われない」「意志が弱い。ダメだ」と罰するのはしんどいし、なんと言っても重苦しいし楽しくない。それよりも「まあともかく現状そうなっているね」と認めて、「いつまで経っても変われない」と自分が思い込んでいる人とコミュニケーションすることの方が軽やかだし明るい感じがしないだろうか。

というより、これまでずっと深刻ぶった態度で自分を変えようとやってきたけれど、何も変化がなかったのだとしたら、必要なのは深刻さではなく、やっぱりちゃんと自分を認めることじゃないか。時間を緩めることでもたらされる内面的な余裕について、それこそ真剣に向かい合わないといけないんじゃないか。正しさよりもそちらの方がよほど大事だ。

「聞くこと、話すこと」の講座に参加した20代の男性がいて、先述した通り立つ姿勢から軽く押すという実験をしたとき、彼は押されっぱなしで、「自分を保つ努力をしてください」と言っても、なすがままで姿勢を保つことができなかった。彼も経済的、精神的自立だとかを概念的に理解してはいた。

でも自立することが身体としてわかってなかったことが明らかになって、そのことがとてもショックでずいぶん落ち込んだという。いつも他人や状況に受け身で譲りっぱなしだったことが体感として自覚されたわけだ。講座が終わってから、しばらく経って感想をもらった。

「何かを話すとき、聞くときの自分の身体の変化に注目するようになり、違和感が身体レベルで感じられるようになりました。たとえば、思ってもないことを話したときの、頭だけが働いて首から下がなくなる感じや、自分にとってショックな出来事を話すときの、お腹から何かがせり上がってくる感覚などがクリアになったり、相手の話を聞くときに、つい口を挟みたくなる話題がやってきたときの、何かを一足飛びにしてるような、条件反射で身体が動いてしまう感覚の存在がわかったりしました」

「何かを一足飛びにしてるような、条件反射で身体が動いてしまう」というのが習慣的に培われた彼であり、それがいつもの彼の内面の時間の流れだとしたら、彼はそれよりも深い層にいる自分と対話できるようになったんじゃないかと思う。

加えて「ただ、待つという行為ができるようになったと感じていますが、なぜできるようになったのかをうまく言うことができないです。ただ、どこかのタイミングで突然待つことが怖くなくなった」とも書いていた。

わからないけれどできる。これこそが根拠のない自信で、つまりは自信というのはそういうものじゃないかと思う。集注がもたらすのは、現状の自分ができることの把握だ。もしかしたら、それを「自分らしさ」と言ってもいいのかもしれない。

自分との対話

すべての時間が反転するとき

起きたことを起きたこととして認める。その人の話をその人の話として聞く。自分の思いをそのまま伝える。どれも共通しているのは、ジャッジも忖度《そんたく》もことさらの善意もなければ、相手をコントロールしようという意図もないことだ。余計な振る舞いを必要としない。ただ吹いた風が頬を撫でるような、そんなストレートな言葉は、自分自身とつながっているという身体感覚を伴っている。

そう言えるようになったのは、それが体感できるようになってきたからだ。言葉に対しての理解も前とは異なった深まりを見せるようになった。

古代ギリシアでは、優れた演説を行う人を「大きな言葉を語るもの」と表現したそうだ。それは「正しい瞬間に正しい言葉を見つける」ことができたからこその偉大さだと考えられていたという。前の僕ならそれが可能なのはなぜだろうと考え、きっとずば抜けた思考がもたらす巧みなレトリックといったきらびやかな言葉の装いに注目しただろう。でも、いまは違う。「正しい瞬間に正しい言葉」を導き出すことができた身体とは、どういうものだろうか。そこに興味が湧く。

「大きな言葉を語る」ことができるのは、優れた人格が主導権を握って考えついたものではなく、自分の内側にいるさまざまな声が響き合った結果なのではないかと勝手に思っている。

大きな言葉は別に大きな声を張り上げたわけじゃない。人の後ろ暗い欲望を煽《あお》るようなアジテーションでもない。語られた言葉に聞き手が「大きな」と広がりを感じるのは、そこに聞いている自分たちを包み込む空間の膨らみを見出すからなんだと思う。

空間は目に見えない。その広がりは僕らの内側にもある。過去から未来に向けての広がり。未来からいまここへと至り、去っていく広がり。そんな途轍もない広がりの中で人は生きていて、その事実を表すには言葉ではまったく足りない。せいぜい「刻々と変化して生きている」という言い方しかできない。この「生きている」という事実は句点が打てないことであり、誰もが等しくいままさに体験していることでもある。

「確実に正しい答えがあるはずだ」という、本当にあるかどうかわからない幻想を求めがちではある。といっても、自前の体験から考えるのではなく、過去に誰かが見つけ出した答えを検索することに忙しくしているだけなのだが。でも、そんなことをしなくても、変化しているということにただ素直になったとき、自然と生まれてくる言葉というのがあるんだなと思う。そんな経験を先日した。

以前、僕は福岡に住んでいたのだけど、その際に知り合った方の息子さんに数年ぶりに会った。初めて会ったときはまだ2歳だったのに、いまはもうキラキラとした目と粒立った言葉を話す少年に成長していた。再会してしばらく経ってから、彼は僕に「今生を生きる上で最大の無知ってなんですか?」と聞いてきた。「死ぬことと変化することを知らないで生きることじゃないかな」と答えた。

考えたわけじゃなくて、ただ言葉が出てきた。正解を言おうとしたわけではなく、そのときにそれが出てきた感じ。これも「自分の内側にいるさまざまな声が響き合った結果」なのではないかと思っている。彼にしても最近、ヨガを始めたようで、それが楽しくて仕方ないらしい。その最中に体感したことが質問になったのだろう。僕は10歳の少年の切実な問いに出合えて心から嬉しかった。

僕らの内には、自分でありながら見知らぬ自分という他者がいる。先述したようにネグレクトしてきた、過去に置いてきた声もたくさんある。考えて正しく反応しようとすることなく、臨機応変にできるようになったのは、僕の中にいるさまざまな声の持ち主たちと対話したことで、その声たちが僕に重なるようになってきたからじゃないだろうか。

気がつけば、僕は自分の内にいるあまり見たくない自分や取り返しのつかない過去の記憶を問題とみなすことも、解決しようとすることもやめている。こうした対話のもたらす経験は僕ひとりだけに起きることではないはずだ。

職場でも学校でも問題解決や問題発見力という語をよく聞くようになっている。それに慣れてしまって、同じような手法を自分に対して行うこともおかしいと思われない。そうしたら「いまの自分より向上できる」と結果にばかり注目してしまう。冷静に考えてみたら、誰かから「あなたは問題解決の対象です」と言われたらどんな感じがするだろう。あまり愉快な気持ちはしないはずだ。

だったら、どうして自分に対してそんな酷い扱い方をするのだろう。そんな態度で接し続けるから抵抗も激しくなる。自分の訴えがまったく聞かれていないのになかったことにされようとしていたら、誰だって抗《あらが》うし、より大きな声で抗議するだろう。一方的に消されようとするのだから、存在をかけた必死の足掻《あが》きになって当然だ。

「問題解決すればいいはずだ」と思っている側からすると、これはいっこうに克服できない膠着《こうちゃく》した状況だし、解決できない葛藤を抱えているようにしか思えない。自分の意志の弱さ、努力の足りなさ、能力の欠如といった脆弱さの証拠にさえ見えてしまう。

もし本当にそう感じているのであれば、脆弱であることをもっと大切にしないといけないんじゃないか。自分を否定的に扱っているのなら、その否定している自分のことをもっと丹念に観察する必要があるんじゃないか。「解決しなきゃダメだ」と思っているわりには、解決対象の自分に全然興味を持っていなかったりする。それにちゃんと観察しないと安易なドラマが発生してしまう。

解決しようとすると、解決できなさに行き当たり、必ずといっていいほど、「自分は無力だ。情けない。みっともない。そんな自分が憐《あわ》れだ」という自己憐憫《れんびん》をなぞるストーリーを生き始めてしまう。これが安易だというのは、無力さ、情けなさ、みっともなさを本当は受け入れてなくて、憐れだと言いたいがための平板な展開になっているからだ。

僕らの内側には空間の膨らみがある。それをどうして変わり映えのしない平板な次元に落としてしまうのか。それで本当に満足できるかは自分に問うてみるしかない。

自己憐憫とは自分を憐れみ、自分を罰し、そのふたりの間をヨシヨシとなだめる、一人三役のドラマを演じることだ。憐れむよりも純粋に認める行為が必要なんだと思う。

つまり自分が無力で情けなくみっともないことをただ認める。そこに憐れむという思い入れを介入させないで、自分を捉えたとき、ただひたすら自分の脆さと弱さに直面すると思う。それは乗り越えるべきことでもないし、忌避すべきものでもない。というのは、それが僕らが生きる上で最大の資源になるからだ。


僕には「ひたすら自分が無価値であると思い、そのための証拠がために忙しかった」時期があった。「自分には価値がない。」という強烈な断言はそれ自体では何も生むことはないと思えるけれど、それなくして「その人の話をその人の話として聞く」ことに転換できなかったんじゃないかと思う。誰かのように生きようとして、現状の自分を問題とみなして解決に向けて努力するだけではおそらく行き着けなかった。

というのは、「自分には価値がない。自分は何ひとつまともなことが言えない」と徹底していくと、「僕と違って相手には価値があるはずだ」と思えたから、自分そっちのけで相手の話を聞くことはできたからだ。でも、初期の段階では「そうはいっても僕にも何かあるはずじゃないか」というウジウジしているところも少なからずあった。おもしろいもので、妙な意図が入り込んでいるときは、人間関係のトラブルがちゃんと生じるようになっている。

その当時の僕はこれまでの自分にうんざりしていたので、心底から変わりたいと思っていた。だから、「相手が悪い」とか「自分がいけなかった」とか言い訳を持ち出すのではなく、いったい本当のところ何が起きているんだろうと観察することにした。そうしたら卑屈な自分を相手に認めさせるという、巧みなプライドの保ち方の取引を相手に強いていることがわかってしまった。気づいたからには変えるしかない。同じことを繰り返しているのに変化を求めるのは到底できないことだから。

「自分には価値がない」という思いはすぐにはなくならない。だからそれはそれとして変にいじらずに置いておくことにした。そうして卑屈さと傲慢さを行き来するプライドを外してしまえば、相手の話を聞く際に自分を介入させない仕組みに転換できた。それが自分の思惑や感情を外して聞くこと、つまりジャッジをしないことになった。

これは高潔で寛容な人格に変わったからできたことではなく、僕にとっては、ある意味で仕組みの話でしかない。ただ、この設定が機能するには、自分の思惑や感情が堆積してきた過去の記憶と対話する必要がある。身の内に潜む毒が表に出てくる瞬間でもあるから、かなり嫌なことだ。

けれども、わかったことがある。誰しもあまりに自分の置かれた環境がつらいと、自分の内面にしか逃げ場がない。そこに溜め込まれるのが負の記憶だ。逃げ場というからには、逃避であるのは間違いない。そんな弱かった過去の自分を責めるのがいつものやり方とすれば、それをやるとさらに毒の濃度が増していくほかない。

ただ、過去の自身との対話の中で明らかになったのは、逃げ場なのだから空間の拡張でもあったなということだ。弱いから逃げた。でも、それは内面の広がりをもたらしもした。責めるだけでは弱さに対する理解の度合いは広がらなかっただろう。逃避をネガティブ一辺倒で捉える必要はなかったのだ。

逃げは負い目、負債、負傷だし、まったくの負の体験だけど、それらすべてが反転していく瞬間が誰しもあると思う。負へのリアクションは克服にしかならないけれど、そうではなくて、負を正に転換していくこともできる。喰らった毒を薬に換えていくことができる。中和とかじゃなく、積極的に薬にしていくスタイルを取っていくときに反転していくんじゃないか。

毒を薬に換えていくという試みからすると、たとえば僕には、青年期に離人症めいた感覚も時折訪れていたのだけど、そういう現実感のなさが、かえって「感覚していることと自分の存在とは別なのだ」と気づかせてくれた。何であれ自分自身から学ぶべきことはたくさんあった。不思議なことに、いまではかつての自分やこの先の自分が支援してくれている感覚がある。

そうして広がった時間と空間からいま自分が日常で体験していることを捉えると、「現実に起きる出来事のつらさを額面通りに受け取ってしまってはいけないぞ」と励まされている感じがする。「地に足つけて立ってるんだろ？　だったら持ち堪《こた》えるだけの力があるってことだ」。そんなメッセージを受け取っている気がする。

その声の中で過去を思うと、負った傷すべてをトラウマにすることなく反転させていっている感覚がある。起きたことをただ起きたこととして認める。それを可能性と僕は呼びたい。現実はつらい。生きることは苦しい。そう感じるのは嘘じゃない。と同時に句点で区切ったはずの言葉から滲《にじ》み出てくるものを味わうことで広がる世界がある。

苦しみや葛藤は、切り捨てたり見なかったことにするのではなく、それを変換させるためにあるんだなと最近になってようやく思えるようになった。どうせ毒を喰らったのであれば、毒を薬に換えていくしかない。毒を薬に換えるところに、起きてしまった出来事に決して支配されてしまわないその人らしさが宿るのだと思う。

尹　雄大　ゆん うんで

インタビュアー、作家。1970年神戸市生まれ。政財界人やアスリート、研究者、芸能人、
アーティスト、アウトローなど約1000人にインタビューを行ってきた。

その経験を活かし、2017年からインタビューセッションや講座を開催している。

主な著書に『さよなら、男社会』（亜紀書房）、『異聞風土記』（晶文社）、

『モヤモヤの正体』（ミシマ社）、『脇道にそれる』、『やわらかな言葉と身体のレッスン』

（ともに春秋社）、『体の知性を取り戻す』（講談社現代新書）、

『FLOW』（冬弓舎）、『聞くこと、話すこと。』（大和書房）などがある。

句点《くてん》。に気《き》をつけろ

「自分《じぶん》の言葉《ことば》」を見失《みうしな》ったあなたへ

2024年2月29日　初版第1刷発行

著　者　尹《ゆん》雄大《うんで》

ブックデザイン　鈴木千佳子《すずきちかこ》

発行者　三宅貴久

発行所　株式会社光文社

〒112-8011　東京都文京区音羽1-16-6

電話　編集部 03-5395-8172　書籍販売部 03-5395-8116　業務部 03-5395-8125

メール　non@kobunsha.com

落丁本・乱丁本は業務部へご連絡くだされば、お取り替えいたします。

組　版　新藤慶昌堂

印刷所　新藤慶昌堂

製本所　株式会社国宝社

ISBN978-4-334-10230-2